以知为力　识见乃远

Carlo Ginzburg

野兽

The
Soul
of
Brutes

之魂

[意] 卡洛·金兹伯格　著

李根　译

中国出版集团　东方出版中心

图书在版编目（CIP）数据

野兽之魂 / （意）卡洛·金兹伯格著 ； 李根译.
上海：东方出版中心，2025.4. -- ISBN 978-7-5473
-2698-5

Ⅰ. K0-53

中国国家版本馆CIP数据核字第2025E7M328号

上海市版权局著作权合同登记：图字09-2024-0197号

野兽之魂

著　　者　[意] 卡洛·金兹伯格
译　　者　李　根
策划编辑　戴浴宇
责任编辑　戴浴宇
封扉设计　甘信宇

出 版 人　陈义望
出版发行　东方出版中心
地　　址　上海市仙霞路345号
邮政编码　200336
电　　话　021-62417400
印 刷 者　山东韵杰文化科技有限公司

开　　本　890mm×1240mm　1/32
印　　张　5.25
插　　页　2
字　　数　82千字
版　　次　2025年5月第1版
印　　次　2025年5月第1次印刷
定　　价　59.00元

这些杂文，主题不一，

皆是对我的朋友纳维恩·基肖尔（Naveen Kishore）的小小敬意：

致他的创见，他的活力，他的勇气。

目　录

文明与野蛮

文明，野蛮，与：中间的"与"字是起连接作用，还是分隔作用？文明是处于野蛮的对立面，还是我们必须考虑二者被置于一处时存在更复杂的关系？如有复杂的关系，那为什么会有呢？

1

我们习惯于认为文明与野蛮处于对立关系，这是希腊人对我们的影响。不过，反思二者关系的模糊性也是希腊遗产的一部分，并且，其中一些令人不舒服的内容仍与我们有共鸣。

那是一段"历史之父"（这是一个有长期争议但当之无愧的头衔）希罗多德在《历史》第三卷中讲的故事。[1] 这个故事在书中属于一段题外话。在详细历数波斯王者冈比西斯所犯的罪行——杀掉他的兄弟、与他的姐妹乱伦、奸尸、玷污众神像——之后，希罗多德总结说，冈比西斯疯了。原文如下：

> 我掌握的所有这些无论如何都可以证明，冈比西斯确疯了；否则他绝不会到了去嘲弄宗教和风俗的地步。因为如果要所有民族的人选出全部风俗中最好的一种，那么在经过考察后，每个民族的人都会首推自己的风俗；每个民族的人也都会被告知自己的风俗是迄今为止最好的。因此，除非疯了，否则任何人都不会嘲弄这种做法。我将在众多证据中举出一个例证，它意味着，所有人的习俗中都有这种信念。大流士为王时，他召集了在他身边的希腊人，并问他们出多少价

1　*Herodotus*, VOL. 2 [C. 425 BCE] (Alfred Denis Godley trans.) (Cambridge: Harvard University Press, 1982), p. 38.

钱可以让他们甘于吃掉他们父亲的尸体。他们回答说多少钱他们也不会这么做。随后他召集了那些有吃父母风俗的、被称为卡拉提亚人（Callatiae）的印度人，并问他们（那些希腊人就在现场并且通过解释懂得那些印度人在说什么）怎样使他们愿意在其父亲死后将之烧掉。印度人大声哭喊，认为他不应该说出如此可怕的行为。这些信念如此根深蒂固；并且我认为，恰如品达（Pindar）的诗中所说，风俗乃万事之女王。[1]

波斯王者大流士似乎极不可能真的试图这样做；即使会这样做，我们也绝不能成功地确定有这回事。更重要的是，希罗多德在他的历史叙事中提到此事的意义。品达的 **"风俗乃万事之女王"** 3（nomos ho panton basileus）[2] 的说法，会引导我们得出这样的结

---

1 *Herodotus*, p. 51.

2 经核实，希腊文 nomos ho panto basileus 的意思应为 "风俗乃万事之王"。其中，"basileus" 是 "王" 的意思。该词的阴性形式是 "basilissa"，即 "女王" "王后"。金兹伯格在文中提及此箴言时分别呈现了其英文和希腊文表述："custom is the queen of all things—nomos ho panton basileus。"推测金氏对此话有不同理解方式，将 "王" 译成 "女王"，也可能是一处失误。无论如何，遵循作者的表述，译为 "风俗乃万事之女王"。——译者

论，即所有的风俗都处于平等地位，并且因此，在各种风俗中，不可能明确地区分出哪些可接受，哪些不可接受。[1] 换句话说，我们的习俗对我们似乎理所当然和天然如此，可是与所有的习俗一样，它们只是约定俗成的结果而已。

然而，把一种我们会称之为极端相对主义的观点归到希罗多德身上是有风险的。值得提起阿尔纳尔多·莫米利亚诺（Arnaldo Momigliano，1908—1987）的一番评论："希罗多德是民族志的奠基性大师之一，他准备好宣布'野蛮人'的风俗优于希腊人的风俗。不过这是在冷静地、基本上是自我立场坚定地看待诸异邦文明。没有受其引诱而从就于它们。"[2]

通过冷眼旁观某个人在小范围（但却是通过一个极端的例子，即丧葬仪俗）的实验，可以由此提出一个更具普遍意义的问题：人类风俗的多样性。在这一点上，波斯王者大流士看起来是希罗多德的化身，**另一个自我**（alter ego）。他们同时进行判断也被判

---

1 Wilfried Nippel, "la costruzione dell''altro'" in Salvatore Settis (ed.), *I Greci: Storia, cultura, arte, società, Volume 1: Noi e i Greci* (Turin: einaudi, 1996), pp. 165-96; Sally Humphreys, "law, Custom and Culture in Herodotus", *Arethusa* 20 (1987): 211-20.

2 Arnaldo Momigliano, "The Fault of the Greeks" in *Sesto contributo alla storia degli studi classici e del mondo antico*, VOL. 2 (Rome: Ed. di Storia e Letteratura, 1980), pp.509-24; 此处引文在第518—519页。

4

断，既在这项实验之内又在之外。当希罗多德说"风俗乃万事之 4
女王"时，他同时将自己从万物中分离出来，并远观万物。我们
隐约隔空看到希罗多德和智者学派在进行对话，后者提出这样的
悖论："一个克里特人说：所有克里特人都是骗子。"[1]这个克里特人
在说谎吗？还是他在说事实？希罗多德怎么看？[2]

2

    克里特人的悖论一直折磨着逻辑学家们：希罗多德关于"风
俗乃万事之女王"（nomos ho panto basileus）所引申出的悖论折
磨，或者说应该去折磨历史学家们和人类学家们。可是，历史
学家和人类学家之所以对希罗多德引发的悖论感到不安，是由
于我们在以当代的语词含义去理解它。必须通过指明nomos的

---

1 Nippel, "La costruzione dell' 'altro'", p. 174: "[. . .]有一些智者发起的讨论是关于
    双向因由（dissoi logoi）的，这番讨论涉及希罗多德提到的例子。"关于**双向因**
    由，参见Mario Untersteiner, *I sofisti: testimonianze e frammenti*, VOL. 2 (Milan:
    Mondadori, 1967), pp. 161-72。
2 这里我摘录了Carlo Ginzburg, "Lost in Translation: Us and Them", *Hermitage* 2
    (2006): 20-2中有所展开的评论。

含义存在古今差异这个因素，将对这句话的理解限定在古代的语境中。将nomos翻译成"法约"或"风俗"都有失充分，因为这个词指涉了一个夹缠不清的范畴，"权利""风俗"和"宗教"（从我们使用这些词的意义上讲）都混合在这个范畴中。nomos是个名词，源于动词nemein，后者的含义是"根据法律或传统进行划分（或分配）"。[1] 看起来我们正在回到我们的起点，但却是在已经获得了一条信息——法约、风俗及二者被划分的方式都是混合在一起的——之后回到起点。即使在它们看起来纯然无浊之时，分类（且尤其是二分法式的分类）也往往带有政治性的暗示，尽管并不总是如此。柏拉图在其对话录《政治家》（Politikos）的一段著名文字中，将二元对立的范畴引入讨论。讨论恰恰就是从希腊人与野蛮人的反差对比展开。对话中的一位对话者反对把二者区别开。这个对话者的名字意味深长，是"异邦人"：

5

---

1   Émile Benveniste, *Noms d'agent et noms d'action en indo-européen* (Paris: Adrien-Maisonneuve, 1948), p. 79; Émile Benveniste, *Le vocabulaire des institutions indo-européennes*, VOL. 1 (Paris: Minuit, 1969), p. 85; Emmanuel Laroche, *Histoire de la racine nem en grec ancien: nemo, nemesis, nomos, nomizo* (Paris: Klincksieck, 1949).

　　[……]对人种进行分类时，正如会像这个国家大多数人所做的那样，将人类划分为两类；他们将希腊人从所有其他人中分出作为一类，所有其他种族是另一类。后者中的种族不计其数并且没有血缘或语言上的关联，却被赋予单一的名称——"野蛮人"；希腊人就因为这个统而言之的名称，遂将这些种族视为一类。或者说，就好比一个人通过将 10 000 这个数从所有其他数字中切分出来，并将之分为两类，认为他正在将 10 000 作为一类，随后给所有其他的数字一个名称，并因这个名称而认为其他数字形成了与之不同的种类。一种更好、更如实的，也更为均衡的分类将数字分成奇数和偶数，把人类分为男性和女性；至于吕底亚人、弗里吉亚人以及其他各个种族，当不可能找出和分出两个部分，从他们中独立出不同阵营时，他们就会与其他人对立，从他们中分隔出来。[1]

6

1　Plato, *The Statesman* (Harold N. Fowler trans.) (Cambridge: Harvard University Press, 1975[c. 350 BCE]), 262d-263a. 参见 Geoffrey Ernest Richard Lloyd, *Polarity and Analogy: Two Types of Argumentation in Early Greek Thought* (Cambridge: Cambridge University Press, 1966)。也可以在 Anthony Pagden, *The Fall of Natural Man: The American Indian and the Origins of Comparative Ethnology* (Cambridge: Cambridge University Press, 1986), pp. 123-124 中发现这段文字被提及。

3

在这段文字中，柏拉图将"我们"与"他们"之间的对立、希腊人与野蛮人之间的对立，都斥为不充分的论述并因此认为这种区分是无稽之谈。这种对立，以及高低等级的暗示被希腊人和波斯人之间的诸多战争强化了。柏拉图与希罗多德类似，但通过一种不同的方式回应了智者的挑战。今天，这个词立刻让人想起名词"诡辩"（sophistry），这使"智者"这个词产生了一种负面的联系——一种消极的气息以并不直接的、遥相呼应的方式盘旋在智者周围。这些哲学家漫游希腊、教授雄辩术。作为对他们传授的回报，智者们索要款酬：这种闻所未闻的做法为人不齿，并长期使他们的形象不够光彩。不过，智者们提出的理论同样惹人愤恨，因为他们质疑所谓的不言自明的观念，诸如希腊人和野蛮人的对立，以及从更普遍的意义上质疑nomos和physis之间的关系，前者意为法约和惯例（law and habit），后者意为自然（nature）。"我们会认为天然产生之事反而是惯例

（convention）的产物吗？"爱诡辩的智者们提出疑问。这是希罗多德在展现波斯王者大流士搞实验的场景（很可能是虚构的）时的自问。

长期以来，哲学史研究者已经消解了传统观念投射在诡辩论者身上的那些消极的刻板印象。他们提出的疑问在今天似乎比以往任何时候都更迫人思考，尽管我们的回答与他们的有很大不同。当然，我们必须警惕那些虚假的关联，就像那些凭语言建立起的关联，如同nomos、law、habit之间的关联那样。

我们把physis这个词翻译成"自然"，但这个词对于我们和希腊人而言有不同的意义。今天，一些人会将physis和nomos，自然与法约/惯例之间对立关系，释读为一个充满政治性暗示的问题："文化差异有其生物学意义上的缘起吗？"这种释读无异于一种明目张胆的时代错置。让我们依历史的次序快速浏览一番吧。

4

在《政治家》中，柏拉图反对在男人和女人做自然意义的二元区分，也反对在希腊人和野蛮人之间作虚设的区分。在《政治学》（*Politics*）开篇，亚里士多德援引了男人和女人之间的区分，以及一者优于另一者的观点，并通过类比的方式，引出了主人和奴隶之间的区分，也就是"天然的统治者和天然的顺从者［……］之间"的区分。一个能以心智进行预见的人自然是统治者和主人，而一个以体力按预见指引去完成它的人是顺从者且天然地是奴隶。对亚里士多德来说，奴隶制是一种自然现象，就像作为女人一样。在这两种从属形式之间，还存在着另一种深刻的相似之处——"在野蛮人中，女性和奴隶处于同等地位"，因为野蛮人"没有天然的统治者这一阶级"。以野蛮人的社交方式为特征的社群是奴隶的社群。亚里士多德赞许地引用了来自欧里庇得斯（Euripides，前480—前406）的一句话［《奥利斯的伊菲革涅亚》（*Iphigenia in Aulis*）第1400行］："希腊人应该统治野蛮人。"[1]

今天，几乎没有人会声称奴隶制是一种自然现象。此外，关于文化因素在男女被分置中所起作用的问题由来已久。可是，亚里

1　Aristotle, *Politics* [c. 325 BCE] (H. Rackham trans.) (Cambridge: Harvard University Press, 1959), 1252 a26–1252 b11.

士多德卷帙繁多的《全集》(*oeuvre*)中的其他陈述最终与刚才提到的那些陈述相矛盾。

我们再一次面对如何回应诡辩论者提出的挑战。

他们挑衅地确认 nomos(法约/惯例)和 physis(自然)之间不是截然二分的,由此宣称人世间存在一个不证自明的现实——就像品达所言,"风俗乃万事之女王"。可是,亚里士多德在他的《解释篇》(*Peri hermeneias*)中聚焦语言及语言与含义之间的争议性关系。亚里士多德参照了来自柏拉图的《智者篇》(*The Sophist*)中的一段陈述,认为一个孤立存在和脱离语境的名词既非真,也非假,"只有补充性地、在**绝对的**(haplos)或**参照时间的**(kata chronon)意义上讲它存在或不存在才行"。[1] 以此为区分,诡辩论者们所讨论的问题——physis(自然)和 nomos(法约/风俗)之间的差别——被悄悄地从本体论转向认识论层面,从现实转向话语层面。[2]

9

---

1 Carlo Ginzburg, *Wooden Eyes: Nine Reflections on Distance* (New York: Columbia University Press, 2001), pp. 25-61.

2 亚里士多德的区分可能受到 *Dissoi logoi* 5.15 的启发,这是一位诡辩论者的论文;参见 Thomas M. Robinson, *Contrasting Arguments: An Edition of the Dissoi logoi* (New York: Arno Press, 1979), p. 131, pp. 208-9。

　　表面看来，这似乎纯粹是技巧性的争辩；实际上，它相当于思想史上的一个转折点，即使在很长一段时间里它既未被表现出来，也没有被觉察。回头看去，它似乎像一颗几乎两千年后才会最终爆炸的炸弹。在亚里士多德的《解释篇》的拉丁文译本中，波伊提乌（Boethius，生活在公元5世纪到6世纪之间）将在**绝对的**（hoplos）和**参照时间的**（kata chronon）之间的区别翻译为**绝对的**（simpliciter）和**具体情境的**（secundum quid）之间的区别。[1]后一个术语将亚里士多德所指的一般特征扩大到更广的范围。

　　一代又一代的研究者都读过波伊提乌译的亚里士多德《解释篇》的拉丁文译本（De interpretatione）。这些研究者中的两个人最终成为1550—1551年巴拉多利德（Valladolid）举行的那场在查理五世授命下的著名辩论的主角：胡安·希内斯·德·塞普尔韦达（Juan Ginés de Sepúlveda，1490—1573）和多明我会修士巴托洛梅·德·拉斯卡萨斯（Bartolomé de Las Casas，1474/1484—1566），前者是亚里士多德作品的翻译者和评论者，后者是恰帕斯（Chiapas）的主教。

1　Aristotle, *De interpretatione* (Boethius trans.) (Berlin: De Gruyter, 2014).

5

塞普尔韦达和拉斯卡萨斯在两个问题上存在分歧：人们能否把新大陆的印第安人看作天然的奴隶，以及，对他们发动的战争是正义的吗？这两个问题引出了第三个问题：我们应该把印第安人视为野蛮人吗？在这些问题上（以及其他或多或少与此相关的问题上），两位对话者的立场截然相反：塞普尔韦达争辩说印第安人天生劣等，而拉斯卡萨斯为他们的权利斗争，（正如今天被广泛认为的那样）为人权的理念做出了决定性的贡献。[1] 尽管如此，塞普尔韦达和拉斯卡萨斯说的是同一种语言，文化构成上共享着同样的参照：不仅是参照亚里士多德，而且还是通过圣托马斯·阿奎那（St. Thomas Aquinas，1224/1225—1275）理解的亚里士多德。

10

1　Luca Baccelli, "Guerra e diritti: vitoria, Las Casas e la conquista dell'America", *Quaderni fiorentini per la storia del pensiero giuridico moderno* 37 (2008): 67-101.

6

托马斯对亚里士多德的理解是一种智识上的挪用行为，这具有深远的政治影响。他对亚里士多德《政治学》第一卷第1章的关于"野蛮人"的评论尤为重要。托马斯追问"野蛮人"的定义，而后引用圣保罗（St. Paul）的话问道："世上的声音可能甚多，却没有一样是无意思的。我若不明白那声音的意思，这说话的人必以我为化外之人，我也以他为化外之人。"[1]很容易就被引向这样的结论，即如果脱离（讲希伯来语、拉丁语和希腊语的）保罗这段话的语境，任何人就别人而言都可能是一个野蛮人，无论是谁，只要他不懂另一者的语言。很难想象还有比亚里士多德提出的野蛮论的观念（以及天生野蛮论的观念）更激进的主张了。可是托马斯并未止步于此：争议恰恰就在于对野蛮论的阐释。他写道，根据一些说法，野蛮人就是那些会说其语言但不会读或写的人：这就是为什么"尊者"比德

11

1　*The New Jerusalem Bible* (Henry Wansbrough ed.) (New York: Doubleday, 1985); 1 Cor 14:10-11.

（Venerable Bede，约673—735）将"自由七艺"（Liberal arts）翻译成方言，以帮助当地人摆脱它们的野蛮。因此，托马斯继续说，就"野蛮人"一词而言，其中的一个意思是"aliquid extraneum"，即对我们来讲属于域外的东西，也就是他者。看起来托马斯似乎回溯到圣保罗，可是，实际上是回溯到被修饰过的亚里士多德：**他者**（extraneus）在亚里士多德那里的意思要么可以是**绝对的**，要么是**具体情境的**，相对于某人而言的。托马斯认为，从一种绝对的视角看，我们说那些对我们而言陌生的种族野蛮，是因为他们缺乏理性，"或因为他们生活在**世界上的非温带部分**（propter regionem aliquam intemperatam）"，这种特点往往剥夺了住民的智力，或由于他们在某些地方存在使之**"非理性的和近乎兽性的"**（irrationales et quasi brutales）有缺陷的风俗。被剥夺了理性的人们不在乎法律和书写。[1]   12

托马斯的论证中出现的地理维度——正是由于它看起来是模糊的——解释了塞普尔韦达何以在1550年于罗马出版的《辩护》

1　Thomas Aquinas, *Commentaria* [. . .] in *octo Politicorum Aristotelis libros cum textus eiusdem: Interprete Leonardo Aretino*, colophon: "impressum est hoc opus Romae per magistrum Eucharium Silber alias Franck, xiiii kal. Aug. 1492", c. 4v.[我用的是保留在锡耶纳的因特罗纳蒂市立图书馆（Biblioteca Comunale degli Intronati）的复制本，a–z8 A–I8]。

（*Apologia*）中援引托马斯的上述篇章来支持他的论点：对印第安人的战争是正义的。[1] 这是个牵强附会的参照吗？当然不是，尽管托马斯没有预见到他自己的反思将如何在三百年后被用来证明西班牙远征新世界的正当性。

7

在《辩护》中，塞普尔维达提出了他的另一部拉丁文对话录《第二种民主》（*Democrates secundus*）的论点——此书引起了一系列尖锐的批评，以至于没有被批准印刷。[2] 反过来，巴托洛梅·德·拉斯卡萨斯为回应塞普尔韦达的《辩护》——他读的应是西班牙文版的——以拉丁文写的一部《辩护》同样没有出版。回应首先呈现了塞普尔韦达的论述，继而是一番以野蛮为中心展

1　Juan Ginés de Sepúlveda, *Apologia Joannis Genesii Sepulvedae pro libro de iustis belli causis* in Juan Ginés de Sepúlveda and Bartolomé de Las Casas, *Apologia* (Angel Losada ed. and trans.) (Madrid: editora Nacional, 1975[1550]).

2　Juan Ginés de Sepúlveda, *Democrate secondo ovvero sulle giuste cause di guerra* (Domenico Taranto ed.) (Macerata: Quodlibet, 2009[1544]).

开的、充满激情且极其详细的反驳。

拉斯卡萨斯区分了"野蛮"（barbarism）一词的不同用法。根据它的第一种含义，野蛮是残暴（ferocity）的近义词，故而可以适用于每个人（拉斯卡萨斯言有所指地洞见到），包括西班牙人，因为他们对印第安人采取了行动。根据第二个含义（在引出了圣托马斯关于亚里士多德《政治学》的评论后，拉斯卡萨斯继续说），野蛮是指那些不使用文字性语言的人。按圣保罗的说法，则是没法理解对方语言的人就是野蛮人——正是在这个意义上，约翰·克里索斯托（John Chrysostom，约347—407，即"金口约翰"）可能为"东方三博士"（Three Wise Men）贴上"野蛮人"的标签。且拉斯卡萨斯评论道：[1]

13

> 这些野蛮人不是**绝对的**野蛮人，而相反是**具体情境的**野蛮人；并因此，他们不能被称为真正的野蛮人，而是就一系列**偶然情况**（ex accidenti）而言的野蛮人。[2]

1　Las Casas, *Apologia*, c. 15r.

2　"*Huiusmodi barbari non simpliciter sed secundum quid barbari dicuntur: hoc est non sunt proprie barbari, sed ex accidenti* […]." 参见 Aristotle, *Politics* 1285a。

　　拉斯卡萨斯采用了波伊提乌翻译、托马斯评论的亚里士多德《解释篇》中提出的区分方式。回想亚里士多德这个源头，并非无关紧要。若以"传统的托马斯主义的区分方式"讨论，如帕戈登（Anthony Pagden，1945—　）所做的那样，[1] 会歪曲塞普尔韦达和拉斯卡萨斯之间讨论的意义。

　　拉斯卡萨斯使用了在**绝对的**和**具体情境的**之间进行区分的方式，既表达了自己与亚里士多德主义者塞普尔韦达的不同立场，也与后者认为印第安人是亚里士多德所谓的野蛮人乃"天然的奴隶"的看法保持距离。"显而易见，"拉斯卡萨斯认为，"《政治学》第一卷中提到的'天然的野蛮人'与第三卷中谈到的**野蛮的君主制**（barbarorum regna）没有任何关系：亚里士多德认为，王国有似于君主暴政，然而它们有所不同，因为它们'依法而治并且是世袭的'"。[2] 但在拉斯卡萨斯的拉丁文版《辩护》中，亚里士多德的这句话被以稍微不同的形式引用："**合法且符合国家习俗**（legitima et secundum morem patriae）。"[3] 变动的动机很简单：拉斯

14

1　Pagden, *Fall of Natural Man*, p. 126.

2　Aristotle, *Politics* p. 249.

3　"apud quosdam barbaros regna vim habentia proxima tyrannidi licet sint legitima et secundum morem patriae."(Las Casas, Apologia, c. 15v) 帕戈登将之翻译（转下页）

卡萨斯阅读了由人文主义者列奥纳多·布鲁尼（Leonardo Bruni，1370—1444）翻译的拉丁文版的《政治学》，该书于1438年呈献给教皇尤金四世（Eugen Ⅳ，1383—1447），并且首次于1492年在罗马继而1500年在威尼斯的印刷都载入了托马斯的评论。[1] 布鲁尼（随后是拉斯卡萨斯）误解了亚里士多德文章中形容词patrikai的含义，[2] 将其理解为"国家习俗"（Secundum Morem Patriae），而不是指父传子的"世袭制度"（hereditary）。托马斯没有犯这样的错误。他读过亚里士多德的《政治学》，并对莫尔贝克的威廉（William of Moerbeke，1215—1286）仅从字面的翻译作了评论。可以假定，布鲁尼的误译来自拉斯卡萨斯没有引用的亚里士多德的另一段话。在这段话中，这些野蛮的君主制被认为是亚洲的君主制："因为野蛮人比希腊人更具奴性，亚洲人比欧洲人更具奴性，所以他们忍受着专制统治而没有任何怨恨。"[3]

15

（接上页）为："合法的和［源自］父权制。"（Pagden, *Fall of Natural Man*, p. 132）他认为这种译法可以追溯到圣托马斯所做的某段评论，拉斯卡萨斯在他的《辩护》中引用了这段文字（不过我们在圣托马斯那里找不到引用这段文字的踪迹）。

1　Cesare Vasoli, "Leonardo Bruni" in *Dizionario biografico degli italiani*, VOL. 14 (Rome: Istituto della enciclopedia Italiana, 1972), pp. 618-33；这里引用的是第629页。Aquinas, *Commentaria*, c. 4v.

2　Aristotle, *Politics* 1285 a19.

3　Aristotle, *Politics*, 249.

拉斯卡萨斯反对亚里士多德的观点，后者认为亚洲人民天生野蛮是理所当然的。拉斯卡萨斯则认为，民众的**天性**（physei）就是"天然地更多顺从"，这使"合法的"君主制（"legitimate"katà nomon）成为可能，而这仅仅是"依具体情境"而言的野蛮行为的具体表现。[1] 易言之，拉斯卡萨斯利用了一个由亚里士多德伪造的概念工具，为的是将自己与观点创造者亚里士多德及其阐释者塞普尔维达保持距离。[2]

8

从这篇我们在亚里士多德的《政治学》第三卷中找到的有关野蛮君主制的文字出发，拉斯卡萨斯提出了一套分别同野蛮君主制

1　帕戈登（*Fall of Natural Man*, p. 236n44）写道，莫尔贝克的威廉，继而是拉斯卡萨斯，有着"故意歪曲亚里士多德文本的罪过"，不过，拉斯卡萨斯读的是另一个译本。

2　Thomas Aquinas, *Commentaria*, c. 85v: "secundum legem et secundum leges patrias. Dicunt autem leges patriae consuetudines, quae descendunt a parentibus in filios." 参见 Thomas Aquinas, *In libros Politicorum Aristotelis expositio* [c. 1272 Ce] (Raimondo Spiazzi ed.) (Turin: Marietti, 1951)。

和新世界的印第安人构成的两种指向的类比。一方面是否定性的类比：印第安人沾不上塞普尔维达所谴责的**绝对的**野蛮行为的污名。另一方面是肯定性的类比：如亚里士多德所描述的野蛮君主制那样，印第安人有一套"合情理的、公正的和自然的原则"。[1] 拉斯卡萨斯在这些人民那里极好地识别出一种品质，即他们的温顺以及他们精于机械七艺（mechanical arts）。这种品质某种程度上关联着他们的一种相对的、**具体情境的**野蛮。

16

这看起来像一个关键点，因为在拉斯卡萨斯的话语中，明确了一个明显的矛盾。他写道，当我们面对野蛮人时，我们必须避免镇压行为，就如哲学家（也就是亚里士多德）所主张的：我们必须劝诱他们，并亲切地将他们引向恰当的道德观念。野蛮人也是以上帝的形象创造的。面对人类，无论他们是谁——包括那些身处最极端野蛮状态的人——我们必须证明基督教的仁慈。再一次，拉斯卡萨斯凭记忆引用了圣保罗，捏合了《罗马书》、[2]《加拉太书》[3] 和《歌罗西书》[4] 的文字：

1　Las Casas, *Apologia*, c. 22r.

2　Rom. 1:14–15.

3　Gal. 3:28–29.

4　Col. 3:11.

　　我有义务向希腊人和野蛮人，向有教养的以及无知的人以我的立场热情地布道福音［……］不计较［……］男女［……］古希腊人和犹太人之间没有区别，受割礼者和未受割礼者之间没有区别，野蛮人和斯基泰人（Scythian）人之间没有区别，奴隶和自由人之间没有区别。只有基督：他是一切，且他也在一切之中。[1]

　　在此，拉斯卡萨斯标定了亚里士多德和他自己之间难以辨清的疏离："即使那既不知晓基督教的仁慈也不了解真理的哲学家写下博学之人可以像猎取野兽一般猎杀野蛮人，人们也不会认为杀死野蛮人，或像对待母马一般粗暴对待他们是被允许的。"[2]

　　拉斯卡萨斯正在暗指亚里士多德《政治学》第一卷中的一段话。塞普尔韦达在拉斯卡萨斯没读到的《第二种民主》中也引用了这一段。[3] 这是一段可怕的文字，必须完整引出：

1　*New Jerusalem Bible*.

2　Las Casas, *Apologia*, c. 21r.

3　Sepúlveda, *Democrate*, p. 35.

因此，如果自然界不会漫无目的或徒劳地制造事物，那么自然界就是为了人类而创造了所有的动物。如此，甚至战争的艺术在本质上也会是一种获取的艺术（因为狩猎艺术是其一部分），它既被适当地用于对付野生动物，也恰恰天然地就被设定用于使那些拒绝屈服的人类服从，鉴于此，这种战争本身就是正义的。[1]

18

"永别了，亚里士多德（Valeat Aristoteles）。"拉斯卡萨斯写道。[2] 在布鲁尼翻译的《政治学》版本——拉斯卡萨斯读过的——中，我刚引用的这段文字还附有一段圣托马斯的评论。那是几句简练的话："在野兽群中狩猎是必然的，野兽天然受人支配，这对野蛮人也适用，就如已经说的那样；并且，如果发生这样的战争，那就是正义的战争。"[3]

1　Aristotle, *Politics* 1256 b21-27.

2　Las Casas, *Apologia*, c. 21r.

3　Aquinas, *Commentaria*, c.14r: "et pars eius est praedativa, qua oportet uti ad bestias que naturaliter sunt subiecte hominibus et ad homines barbaros qui sunt naturaliter servi, ut supradictum est; et si hoc bellum sit [,] iustum secundum naturam [est]." 这段话是完整的内容，它将驳斥理查德·塔克（Richard Tuck）提出的假说（*The Rights of War and Peace: Political Thought and the International Order from Grotius to Kant* [Oxford: Oxford University Press, 1999], pp. 71-2）。塔克所依据的，（转下页）

圣托马斯解释了亚里士多德的话；他没有评判。拉斯卡萨斯，这个正义且勇敢的人，可能曾带着恐惧阅读了这些陈述。不过，他绝不可能写下："永别了，圣托马斯。"

9

希腊的民族中心主义和基督教的普世主义之间有一道深壑。可是，必须警惕这种简化看待事物的方式。拉斯卡萨斯引用了圣保罗的话——在基督之前，既无奴隶，也无自由人——并将基督的慈悲与亚里士多德的苛刻作对比。可是，作为基督徒，也是被封圣的圣徒，托马斯并未区别于亚里士多德那种认为针对奴隶作战乃正义的战争，相当于向野兽开战的观念。而拉斯卡萨斯不就是

19

（接上页）是他引自1506年的威尼斯版本的c.9处（不过他把"第二性"误写成 Secundam Naturam，这个错误必须纠正一下）。他认为该书是人文主义时代编辑干扰的结果，修改了原始版本 "Ac si hoc bellum primum sit iustum secundum naturam"（例如，在 *Egregii doctoris sancti Thome de Aquino In libros polithicorum Ar[istotelis] comentum foeliciter incipit* [Barcelona, 1478]中那样）。塔克概括性地参考了文章 Conor Martin, "The vulgate Text of Aquinas's Commentary on Aristotle's *Politics*", *Dominican Studies* 5 (1952): 35-64，此文仍保留着一些可作依据的内容。

从亚里士多德本人那里学到，可以将印第安人视为被一种类似于暴政却合法的权力统治着的**具体情境的**野蛮人吗？这种矛盾是历史造成的，而不是逻辑上出了问题。

10

两种（至少是两种）传统在时间和空间上叠加在一起。波伊提乌翻译的亚里士多德的《解释篇》，是展示希腊和拉丁传统如何交织的一个例子。而这个例子太有价值了，因为在**绝对的**和**具体情境的**之间进行区分具有元语言学的（meta-linguistic）价值——可以在超然视角反思错综复杂的关系。我们想知道其他文化是否也出现过类似的区分方式（在日常生活中实践这种区分，并不一定意味着要用明确的语言表达出来）。

正如我在其他地方所论证的，埃里希·奥尔巴赫（Erich Auerbach，1892—1957）在他的论文《喻象》（"Figura"，1938年）中，通过欧文·潘诺夫斯基（Erwin Panofsky，1892—1968）的论文《作为象征形式的透视法》（"Perspective as Symbolic Form"，20

1924年），重新解读了圣奥古斯丁对《圣经》的阐释。[1] 正如奥古斯丁所提出的，将《旧约》作为《新约》的一部分来阅读，意味着强调希伯来文《圣经》在过去是真实的，但它的真实性已经被基督教的天启所覆盖。由此，在评论奥古斯丁的解读（通过黑格尔，最终形成了我们自己对历史的态度）时，我提出了"透视法"（perspective）的隐喻——尽管奥古斯丁所用的比喻是就听觉而言的，而不是视觉的。[2] 这种透视主义（perspectivism）意味着一种层次意识，就像基督教自我定义为**真以色列**（Verus Israel），我们能否将这个结论扩展到从字面意义上理解的透视法呢？

11

对这些问题的回答，再一次将我们引向由亚里士多德阐述、

---

1   Carlo Ginzburg, "le forbici di Warburg" in Maria Luisa Catoni, Carlo Ginzburg, Luca Giuliani and Salvatore Settis, *Tre figure: Achille, Meleagro, Cristo* (Milan: Feltrinelli, 2013), pp. 109–32.

2   Ginzburg, *Wooden Eyes*, p. 155.

经波伊提乌翻译并被托马斯评论的区分方式：**绝对的**和**具体情境的**之间的区分。我这里引用的是波伊提乌所翻译的拉丁文版，因为这是拉斯卡萨斯在几个例子中所参照的。他在讨论一个最微妙的话题——印第安人施行的人祭——时也是这样看的。事实上，在对这段文字的评论中，茨维坦·托多洛夫（Tzvetan Todorov，1939—2017）以某种尴尬的语气，谈论了"透视主义"：[1] "看到'透视主义'被引入一个与之如此不匹配的领域，实在是太令人惊讶了。"

可是，让我们更仔细地看看拉斯卡萨斯写了什么。我将引用一 21
段简短的摘录，来自他就塞普尔韦达在巴拉多利德辩论期间反对其意见的回复：

> 至于他［塞普尔韦达］对这些可能对也可能不对的看法所讲的，如此等等，我想说，当任何人类群体就可能合理的看法进行争辩时，无论是谁，都并不是根据**绝对的**理性规则这样做的，而是因为这对此群体来说看起来是可行之道，且此道的

1　Tzvetan Todorov, *La Conquête de l'Amérique* (Paris: Seuil, 1982), p. 195.

合理之处是被那些擅长某种行为或技艺的人所运用和认可的看法，即使他们最终是错的。[1]

换句话说，拉斯卡萨斯从**具体情境的**视角看待人祭，然而，这是以**绝对的**视角为前提的，这种视角建立在理性的规则之上，而不是基督教的规则之上。

12

这种**绝对的**和**具体情境的**之间的联系，潜在于一个文本之中。这个文本能够以最深刻的方式，展现作为认知模式的景深透视法（the linear perspective）的内在意义，也就是尼可洛·马基雅维利的《君主论》一书开篇的致辞：

22　　　　如果一个人出身卑微并胆敢讨论君主的统治，还拿出治国

1　Bartolomé de Las Casas, *Obras completes, Volume 10: Tratados de 1552* (Ramón Hernández and lorenzo Galmés eds) (Madrid: Alianza, 1992[1552]), p. 178.

之道，我绝不想将之斥为放肆。因为正如那些速写风景的人，为了考量群山和高地的属性要置身于平原，为了考量低地的属性要登高到山顶。同样地，要了解人的属性，就需要成为君主，而要了解君主，就需要成为人民中的一员。[1]

以往的一段时间里，所谓"速写风景"，被认为暗指列奥纳多·达·芬奇。马基雅维利曾于1503年在伊莫拉（Imola），即切萨雷·波吉亚（Cesare Borgia，1475—1507）的宫廷见过他。可是，马基雅维利肯定也想起了亚里士多德的《政治学》（如拉斯卡萨斯理解的那样），他读的是布鲁尼翻译、圣托马斯评论的拉丁文版本。透视法远不是平视那般，而是真正有层次的，并使我们从一种特定的视角来把握**事物的有效真理**（*verità effettuale della cosa*）。可以说，马基雅维利把**绝对的**和**具体情境的**结合在一起了。[2]

1　Niccolò Machiavelli, *The Prince* (Harvey C. Mansfield trans.) (Chicago: University of Chicago Press, 1998[1513]), p. 4.

2　Carlo Ginzburg, "Intricate Readings: Machiavelli, Aristotle, Thomas Aquinas", *Journal of the Warburg and Courtauld Institutes* 78 (2015): 157-72.

13

可是，今天的野蛮行为又如何呢？大规模的移民潮使来自不同文化的人混杂在一起。我们应该如何面对这种多样性？可以想象到两种相反的态度：把我们的观点强加于人，还是包容所有行为，无论这些行为会是什么，即便那些与我们自己的行为最为相悖的做法。这两种解决方案似乎都不令人满意；但拙劣地在两者之间匆匆勾勒的妥协似乎并不令人满意。唯一可接受的解决方案似乎是逐案分析，采取**具体情境的**做法。在此，诡辩论式的决疑法（casuistry）可能被证明是有助益的。受到布莱兹·帕斯卡（Blaise Pascal，1623—1662）的《致外省人信札》（*Provinciales*）的刺激后，（来自耶稣会士的，但在他处也适用的）诡辩论式的决疑法在生物伦理学（bioethics）的背景下复活了。[1]生物伦理学告诉我们，伊斯兰的遮面和割礼（作为两个例子）不

---

1 2015年，我在哈佛的坦纳讲座（Tanner Lectures）上反思了这些主题："Casuistry, For and Against: Pascal's *Provinciales* and Their Aftermath"。

能被放在同等层次上看。我们必须向耶稣会士学习，也向帕斯卡学习。[1]

1 致谢：我要感谢玛利亚·路易莎·卡托尼（Maria Luisa Catoni，1967— ）和塞尔吉奥·兰杜奇（Sergio Landucci，1938— ）的批评性评论，以及艾伦·博克瑟（Allen Boxer）的翻译。该文本的法语初版于2014年3月13日在马赛欧洲与地中海文明博物馆（MuCEM de Marseille）发表，它也是茨维坦·托多洛夫组织的"文明与野蛮"（"Civilization and Barbarism"）丛书的一部分。

野兽之魂：16世纪的一场争论[1]

1

我将从帕米贾尼诺（Parmigianino）的《抱着怀孕母狗的自画像》开始，它作为图1置于此。这幅现藏于大英博物馆（British Museum）的精美画作，很可能是一幅自画像。[2] 画家弗

---

1 文章于2004年在伯克利首次发表。非常感谢弗朗哥·巴切利（Franco Bacchelli，1955— ）的慷慨帮助。

2 A. E. Popham, *Catalogue of the Drawings of Parmigianino*, Vol. 1 (New Haven, CT, and London: Yale University Press, 1973), pp. 108-09.

24
25　图1　帕米贾尼诺,《抱着怀孕母狗的自
画像》(*Self-Portrait with a Bitch*)

图2　朱里奥·博纳索内学院(School of Giulio Bonasone)的《帕米贾尼诺肖像》(*Portrait of Parmigianino*)

朗切斯科·马佐拉（Francesco Mazzola），绰号"帕米贾尼诺"〔1503 年出生于帕尔马，1540 年死于附近的小镇卡萨尔马焦雷（Casalmaggiore）〕，在上面提到的这幅画中描绘了自己抱着一只怀孕母狗的样子。支持识别画中人身份的，是这个坐着的人与一幅表现晚年帕米贾尼诺的画像之间的相似性〔正如波帕姆（A. E. Popham，1889—1970）令人信服的看法〕。

根据瓦萨里（Giorgio Vasari，1511—1574）的生动描述，帕米贾尼诺，这位外表温和的画家晚年对炼金术产生了痴迷，成为"一个野人，留着长胡子且头发蓬乱"。[1]也就是收藏在朱利奥·博纳索内学院（School of Giulio Bonasone）的《帕米贾尼诺肖像》（见图 2）中的那副样子。

26

帕米贾尼诺是一个非凡的绘画者，精通所有画法——从水彩画到铅笔画，从红粉笔画到钢笔画。在《自画像》中，流畅、敏感的线条表达了两个迥异的生命——坐着的男人和站立的怀孕母狗——之间在身体和情感上的亲密。

---

1 *Parma per l'arte*, issue 3 (1953)，见第 10 页。参见，Giorgio Vasari, *Le opere di Giorgio Vasari*, Vol. 5 (Gaetano Milanesi ed.) (Firenze: Sansoni, 1976[1906]), p. 233："精致而温柔，蓄着胡须和长而凌乱的头发。"（"ed essendo di delicato e gentile, fatto con la barba e chiome lunghe e malconce."）

在奥维德（Ovid，前43—?）的《变形记》（*Metamorphoses*）中，有一句被多次引用的文字，它也被奥古斯丁及他之后无数基督教作家屡次附和的文字，说人类被神赋予一副高贵仰视的面孔（os sublime dedit）面相，作为人类在宇宙中卓越地位的标志。[1] 我认为，在描绘身旁站着一只怀孕母狗的自己（抑或也可能是别人）时，帕米贾尼诺是想讽刺性地瓦解古代的老看法，即人类的直立身姿证明了他们身份优异。

可是，这样的解释能令人信服吗？我们有把握在一幅看起来除了一派温馨的家庭情景别无他意的画作中，理解出哲学性的表达吗？我想我们有这个把握。我的论点仰赖乌戈·达·卡皮（Ugo da Carpi，1450/1480—1523/1532）的蚀刻版画（见图3），该画基于帕米贾尼诺的一幅（现已丢失的）画所作。正如我们从瓦萨里那了解到的，帕米贾尼诺的这幅画要么在博洛尼亚创作，要么于1527年在罗马——他在这里度过了几年——创作，他被解雇后将这幅画带到博洛尼亚。[2]

27

1　Carlo Ginzburg, "The High and the Low" in *Clues, Myths, and the Historical Method* (John Tedeschi and Anne Tedeschi trans) (Baltimore, MD: Johns Hopkins University Press, 2013), pp. 54–69.

2　Vasari, *Le opera*, VOL. 5, p. 226：“当时他雕刻了一些明暗对比版画，其中包括圣彼得和圣保罗被处斩的主题，以及一幅关于第欧根尼的大型作品。”（"nel qual tempo fece intagliare alcune stampe di chiaroscuro, e fra l'altre la decollazione di san Piero e san Paulo, ed un diogene grande. "）

在图 4 中，朱里奥·博纳索内（Giulio Bonasone，1548—1574）以一个粗陋得多的版本明确地表达了同一主题，这幅画是阿基莱·博基（Achille Bocchi，1488—1562）的众多寓言图册——《严肃思考各种主题的象征性问题的五册书》（*Symbolicarum quaestionum de universe genere quas serio ludebat libri quinque*），1555 年首版于博洛尼亚——的插图之一。博基的相关诗句歌颂了面对人生苦难时的忍耐精神。

图 4 中的题词——"这就是柏拉图的人"（Hic est homo Platonis）——指的是关于犬儒主义者第欧根尼（Diogenes the Cynic，前 412—前 323）的一桩轶事，是第欧根尼·拉尔修（Diogenes Laertius，180—240）在《名哲言行录》（*Lives of Philosophers*）中讲述的："柏拉图曾将人定义为一种动物，有两足而无毛羽，并得到赞同。第欧根尼将一只家禽拔了毛，把它带进课堂，并说：'这就是柏拉图的人。'" [1]

28

1　Diogenes Laertius, *Lives of the Eminent Philosophers*, VOL. 2 (Robert D. Hicks trans.) (Cambridge, MA: Harvard University Press, 1979), BOOK 6, p. 40. 参见 Edgar Wind, "homo Platonis", *Journal of the Warburg* 1(3) (1937–38): 261。

图3　乌戈·达·卡皮,《第欧根尼》
（*Diogenes*）

图4　阿基莱·博基,《象征性问题》
（*Symbolicarum Quaestionum*）

呈现这桩轶事的图像极为罕见。[1] 帕米贾尼诺不同寻常的选 　29
择可能是受到了一位博学的出资人的启发，后者要么熟悉第欧
根尼·拉尔修的《名哲言行录》，要么知晓伊拉斯谟（Erasmus，
1466—1536）关于同一主题的两篇短文。[2] 尽管我正在讨论的这段
话没有收录在缩编的意大利语版的拉尔修的《名哲言行录》中，
但我也不会完全排除这个主题是由帕米贾尼诺自己选择的可能性。[3]

帕米贾尼诺的信件和合同里会偶尔出现一些古怪的语法，但
无论如何还都是以一种规范有教养的行文方式书写的（见图 5 的
页边）。[4]　　　　　　　　　　　　　　　　　　　　　　　　　30

1　Andor Pigler, *Barockthemen: eine Auswahl von Verzeichnissen zur Ikonographie des 17. und 18. Jahrhunderts*, VOL. 2 (Budapest: Akademiai Kiado, 1974). 参见 Andor Pigler, "The Importance of Iconographical Exactitude", *The Art Bulletin* XXI (1939): 228-37; 特别是第 234 页。

2　Desiderius Erasmus, *Apophthegmata in Opera* (Jean Le Clerc ed.) (Lugduni Batavorum Vander, 1706), VOL. 4, p. 178; 也参见 Desiderius Erasmus, "Socratis gallus aut callus" in *Adagia in Opera*, VOL. 2, p. 1192。

3　Diogenes Laertius, *Vite de philosophi moralissime et de le loro elegantissime sententie extratte da Laertio et altri antiquissimi authori historiate et di novo corrette in lingua tosca* (Nicolo Zoppino ed. and trans.) (Venice: Nicolò Zopino and Vincentio campagno, 1524), 第 49 节关于锡诺帕的第欧根尼的段落。也参见 Diogenes Laertius, *El libro della vita de philosophi et delle loro elegantissime sententie extracto da D. Lahertio et da altri antiquissimi auctori* (Florence: Franciscum de Bonaccursiis et Antonium Venetum, 1488)。

4　Lucia Fornari Schianchi and Sylvia Ferino Pagden (eds), *Parmigianino e il manierismo europeo* (Milan: silvana, 2004), p. 172。后来关于帕米贾尼诺达成的人文教育水平的讲述（第 414 页）似乎难以令人信服。

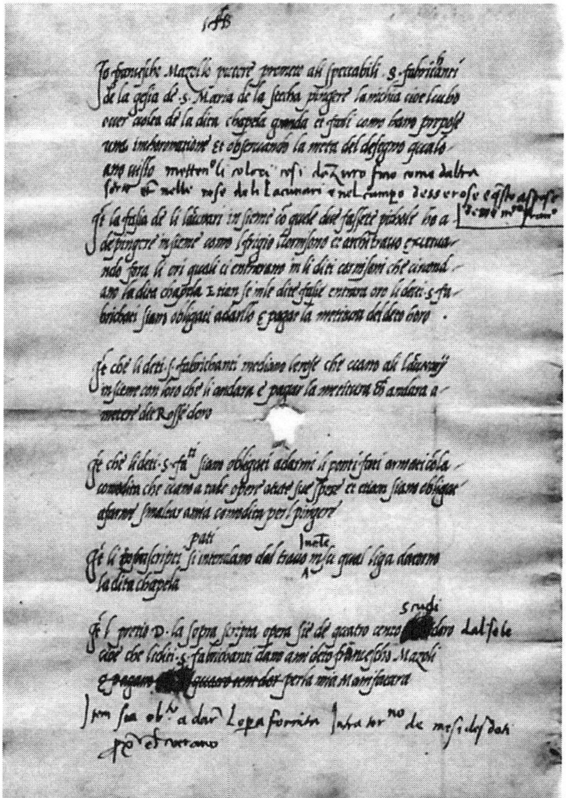

图5　帕米贾尼诺的合同，1531年［帕尔马的圣母百花教堂（Santa Maria della Steccata）］

第欧根尼对柏拉图的人的挑衅式调侃类似于帕米贾尼诺将自己 31 描绘成亲密接近这只直立母狗的看法。[1] 在这两种情况下，通过强调他们与所谓的低等动物的相似性，人类的独特性面临质疑。

2

帕米贾尼诺的这些动人的图像恰当地导向了我的主题：16世纪关于野兽之魂的争论。我强调的是16世纪而不是17世纪，这需要作些澄清。皮埃尔·拜尔（Pierre Bayle，1647—1706）在其《历史批判词典》（*Dictionnaire historique et critique*，1696—1697）的两则词条文章中，不容置疑地指出，这两则词条文章发起的辩论是在回应笛卡尔的**动物机械论**（theory of *animaux-machines*），即野兽像机器一样自行运转。然而，值得注意的是，拜尔对这个主题最为深刻的反思可以在题为《罗拉里乌斯》（"Rorarius"）的词条文章中找到：罗拉里乌斯是16世纪作家吉罗拉莫·罗拉里奥

1　Patrizia Pinotti, "Gli animali in Platone" in Silvana Castignone and Giuliana Lanata (eds), *Filosofia e animali nel mondo antico* (Pisa: ets, 1994), p. 120.

（Girolamo Rorario，1485—1556）的拉丁文化名，在他身后发表的对话录推动了这场争论。[1]

32　　在罗拉里奥的对话录——《野蛮的动物往往比人类更擅用理性》（*Quod animalia bruta sepe ratione utantur melius homine*）——的标题中，形容词 "bruta"（野蛮的）扮演着不可取代的角色。对于21世纪的读者来说，其独特作用可能需要解释一番。同样不易理解的或许是弗兰切斯卡·达里米尼（Francesca da Rimini，1259/1260—1283/1285）借但丁的《地狱》（*Inferno*）第五章中诗人之语的发言：**"噢！优雅而善良的动物。"**（*o animal grazioso e benigno*）[2] 我们往往忘记，在很长一段时间里，动物是指 "所有被赋予情感感知和自主活动能力的生物"。这一定义在《牛津英语小词典》（*Shorter Oxford English Dictionary*）中仍有回响，但通常并不暗示任何平等的意味：只需回想一下哈姆雷特的话，"人是何

1　Pierre Bayle, *Dictionnaire historique et critique* (Basel: Chez Jean Louis Brandmuller, 1741), VOL. 3, "Pereira", pp. 649-56; VOL. 1, "Rorarius", pp. 76-87. Eugenio Garin, *Storia della filosofia italiana*, VOL. 2 (Turin: Einaudi, 1966), pp. 912-14强调了罗拉里乌斯的重要性；也参见，Eugenio Garin, *Dal Rinascimento all'Illuminismo* (Pisa: Nistri-Lischi, 1970), pp. 176-8。

2　Dante Alighieri, *La Commedia, Volume II: Inferno* (Giorgio Petrocchi ed.) (Milan: Mondadori, 1966-67), 5.88.

等的杰作啊。[……] 动物中的极品（Parragon）"。[1] 如今，那些谈论"动物权利"的人使用了不同的语言表达。

这种语言上的迥异掩盖了内容上的关联。关于野兽之魂的争论与仍然（或者说，有可能是再一次）引起我们共鸣的问题有所关联。有必要在希腊哲学传统中重述这场争论的根源，以便了解它们如何塑造了16世纪的观念——以及如何间接地塑造了我们的观念。

3

亚里士多德在他《尼各马可伦理学》（*Nicomachean Ethics*）的著名文字中问道：人的特殊**功能**（ergon）是什么？他回答道，不是有生命，有生命是人与所有生物共有的，包括植物；不是感知能力，人与马、牛和其他动物也都有感知能力；人的特殊机能是   33

1　William Shakespeare, *Hamlet* (Ann Thompson and Neil Taylor eds) (London: Arden Shakespeare, 2020), 2.2.20.

理性（logos），既包括实践理性也包括理论理性。[1] 因此，既然"理性的，或至少不是非理性的活动似乎是人的机能"，亚里士多德将人鉴定为理性的动物：这个定义从技术性层面与描述"其他动物"的希腊词语形成了反向的对应，那就是**野兽般的**（ta aloga），"那些没有理性的"。[2]

在《政治学》中，亚里士多德详细说明了人之至高无上地位的含义：

> 显然，我们必须假设［……］植物为动物而存在，其他动物为人类的利益而存在，家养的物种既为人类服务，也为人类提供食物，即便不是全部，大多数野生物种都是为人类提供食物和为他们提供其他种类的东西，以便使人获得衣服和其他器具。因此，如果自然界并不会制造任何缺乏目的或徒劳之物，那么自然界就是为人类而创造了所有的动物。[3]

1　Aristotle, *Nicomachean Ethics* 1097b24–1098a18.

2　Émile benveniste, *Il vacabolario delle istituzioni indoeuropee*, VOL. 1 (M. Liborio ed. and trans.) (Turin: Einaudi, 1976), p. 26.

3　Aristotle, *Politics* (H. Rackham trans.) (Cambridge: Harvard University Press, 1959), 1256 b15–27.

亚里士多德总结说，狩猎，就是某种形式的战争，"自然是公正的"。

整个自然世界最终都是为了迎合人类而存在。不过，人在自然界中的地位并不是基于拥有灵魂。亚里士多德在其《论灵魂》（*On the Soul*）一书的开头抱怨道，"在今天看来，讨论灵魂的演讲者和探究者只限于探究人的灵魂，可是，"他反对道，

34

> 我们必须当心不要逃避这个问题，即是否像我们能定义"生物"那样，给"灵魂"一个统一的定义就够了，抑或，是否每个个体必定都有不同的关于灵魂的定义；即，对马的，对狗的，对人的以及对神的灵魂的定义，那么，"生物"这个词作为一个共用的术语是否就毫无意义了，或者说，在逻辑次序上看是后生之物。[1]

之后，亚里士多德区分了灵魂的不同功能：

---

1 Aristotle, *On the Soul. Parva Naturalia. On Breath* (W. S. Hett trans.) (Cambridge, MA: Harvard University Press, 1957, Loeb Classical Library 288), 402b7.

一些生物［……］拥有（灵魂的）全部（功能），其他生物则只有一些，还有的生物只有一种。我们所提到的功能有滋养的能力、食欲的能力、感知的能力、空间活动的能力和思想的能力。[1]

我们从中看到了一种位阶认识，人——唯一有能力思考的动物——处于顶端。不过，亚里士多德察觉到一个值得注意的困难，他承诺之后会着手处理这个问题：关于**想象力**（phantasia），他称其是"模糊的"。[2]不过，他在《论灵魂》第三卷中对**想象力**进行的长篇讨论，并没有说清这个问题。[3]他关于**想象力**的解释始终晦涩难懂，有时甚至矛盾——这可能是很多近来关于亚里士多德的论述大相径庭的解释之间唯一的契合之处。[4]

35

---

1 Aristotle, *On the Soul* 414a29–414a33.

2 Aristotle, *On the Soul* 414b17–188.

3 Aristotle, *On the Soul* 427b29–429a9.

4 Martha C. Nussbaum, "The Role of *Phantasia* in Aristotle's Explanations of Action" in *Aristotle's De Motu Animalium* (Martha C. Nussbaum ed.) (Princeton, NJ: Princeton University Press, 1978), pp. 221–69; Malcolm Schofield, "Aristotle on the imagination" in Martha C. Nussbaum and Amelie Oksenberg Rorty (eds), *Essays on Aristotle's de Anima* (Oxford: Clarendon Press, 1992), pp. 249–77; Dorothea Frede, "The Cognitive Role of Phantasia in Aristotle" in *Essays on Aristotle's De Anima,* pp. 279–95. 一项很好的调查来自，Giorgio Camassa, "*Phantasia* da Platone ai （转下页）

充分评论这个复杂的问题超出我的能力范围。我会限定地只强调与我的主题密切相关的几点。

（1）对于亚里士多德来说，**想象力**似乎是介于**感知**（aisthesis）和**理念**（noesis）之间，以及感觉和欲望之间的东西：一种可通过"重复制造式的想象"（reproductive imagination）这个短语传达的含义［直到很靠后的段落，phantasia（想象力）才开始表示"创造性的想象"（productive imagination）］。[1]

36

（2）亚里士多德否认"所有动物"都有**想象力**："情况似乎并非如此；例如，对于蚂蚁和蜜蜂来说确有想象力，但对于蠕虫来说则不然。"[2] 这段文字，即 428a11，是有缺损的，而根据手写惯

（接上页）neoplatonici" in Marta Fattori and Massimo Bianchi (eds), *Phantasia-Imaginatio* (Rome: Edizioni dell'Ateneo, 1988), pp. 24-55。也参见，Gerald Watson, "Φαντασία in Aristotle, *De Anima* 3.3", *The Classical Quarterly* 32 (1) (1982): 100-13; Deborah Modrak, "Φαντασία Reconsidered", *Archiv für die Geschichte der Philosophie* 68 (1) (1986): 47-69; Jean-Louise Labarrière, "Imagination humaine et imagination animale chez aristote", *Phronesis* 29 (1) (1984): 17-49; Jean-Louise Labarrière, "Raison humaine et intelligence animale dans la philosophie grecque", *Terrain* 34 (March 2000) (*Les animaux pensent-ils?*): 107-22。关于普遍性的问题，参见 Richard Sorabji, *Animal Minds and Human Morals: The Origins of the Western Debate* (Ithaca, NY: Cornell University Press, 1993)。

1　Camassa, "*Phantasia* da Platone ai Neoplatonici", p. 50（引自 Philostratus, *Life of Apollonius* 6.19）。

2　Aristotle, *On the Soul* 428a11.

例，应该理解为"例如，对于蚂蚁来说并非如此，对于蜜蜂来说并非如此，对于蠕虫来说并非如此"——这没有多大意义。要注意的是阿奎那基于莫尔贝克的威廉翻译的传统版本对这段文字的评论。在某种程度上，阿奎那的评论预示了托斯特里克（Torstrik，1821—1877）修正的文本，而我遵循的就是后者的修正版。[1]

（3）以上提到的这段话似乎在暗示一些有**想象力**的野兽更接近人类；但亚里士多德[2]引入了进一步的区分，即一面是**能感知的想象力**（aisthetike phantasia），而另一面是**能谋善算和审议的想象力**（logistike phantasia, bouleutike phantasia）：前者为所有生物共有，后者仅为人类共有。[3]亚里士多德总结道，"因此，**欲望**（orexis）并不意味着**审议的能力**（to bouleutikon）"：更高的善的抉择只有通过三段论（syllogism）的使用，因此仅限有理性的动物才能做得到。

1　Aristotle, *L'anima* (Giancarlo Movia ed.) (Naples: Luigi Loffredo, 1979), 428a10-12; Labarrière, 'Imagination': 23. 有趣的是，在他关于《论灵魂》（*De anima*）的评论中，阿奎那对立地看待蚂蚁和蜜蜂具有不确定的幻想（phantasia indeterminata）与蠕虫缺乏幻想，尽管莫尔贝克的威廉翻译的文本将这三个物种列为一类：参见，Thomas Aquinas, *Sancti Thomae Aquinatis In Aristotelis librum de Anima commentarium* (Angelo M. Pirotta ed.) (Casale: Marietti, 1979), p. 159。

2　Aristotle, *On the Soul* 3.10. ——作者；此处的注释标注在文中的位置看上去有些奇怪，但还是遵照原文。——译者

3　Aristotle, *On the Soul* 433b24-30.

4

经过引入**想象力**的概念，亚里士多德在某种程度上模糊了他在其他地方提出的理性动物和非理性动物之间的明确区分。他的思想对这一主题的长期影响在普鲁塔克（Plutarch，46—120）的作品中尤为明显，普鲁塔克是希腊哲学传统中最有影响力的倡导动物也有理性的人。普鲁塔克反复引用亚里士多德的动物学作品［尤其是《动物史》（*History of Animals*）］；此外，更重要的是，他发展并偶尔修改了亚里士多德提出的概念，特别是他在论著《论灵魂》中提出的那些概念。普鲁塔克的论证策略是由他的攻击对象所决定的：斯多亚哲学家们，以及他们的观点，即强调理性和语言是截然区分人类与所有其他动物的因素。

普鲁塔克在他的对话录《陆地动物和海洋动物究竟哪个更聪明》（*Whether Land or Sea Animals are Cleverer*，通常被称为《动物》）中，从亚里士多德关于所有动物都具有**想象力**和**感知**能力的论点开始，之后将理性也列入讨论的清单中： 38

但是，既然每一个有灵魂的生物从诞生之时起就具有感知能力和想象能力，那么如果说生物的等级区分必然存在有感知和无感知能力的对立，或者存在有幻想和无幻想能力的对立，就是荒谬的，因此，他要求将生物分为理性和非理性群体的组群，就也是不合理的。[1]

通过他在对话录中的代言者奥图布洛斯（Autobulos），普鲁塔克坚定地将自己置于那些有以下特点的人之中：

我相信凡被赋予感知能力的事物必有智慧，并且所有生物都天然地拥有**主见和理性**（doxa tis kai logismos），就像它先天地就有感知能力和欲望那样。因为正如他们正确地讲过，大自然做任何事情都有某种目的和针对某个结果，大自然［为有感知能力的造物（to zoon aisthetikon）］创造感知自然的能力，并不是为了让他们/它们在有事发生时仅仅有知觉而已。[2]

---

1 Plutarch, *Moralia*, Vol. 12 (Harold F. Cherniss and William C. Helmbold trans) (Cambridge, MA: Harvard University Press, 1957), 960D-E.

2 Plutarch, *Moralia* 960C-E.

"他们正确地讲过"这个话被解释为暗指亚里士多德。普鲁塔克明确地提到亚里士多德的追随者之一兰普萨库斯的斯特拉托 39（Strato of Lampsachus）："事实上，有一本自然哲学家斯特拉托的著作，它证明没有一些智慧行为，就根本不可能有感知能力。"[1]

5

在这一点上，简短的离题可能是合适的。兰普萨库斯的斯特拉托，约生于公元前330年，公元前270年过世。他经常被称为**自然哲学家**（physikos），普鲁塔克也这样称呼他。斯特拉托写过诸如虚空和加速度、动物学和心理学之类的东西，但他的大量作品只有一些片段流传下来。根据历史学家波里比阿（Polybius，前

---

1 Plutarch, *Moralia* 961A-B. 参见 Strato of Lampsacus, *Straton von Lampsakos* (Fritz Wehrli ed.), *Die Schule des Aristoteles, texte und kommentar*, V (Basel: Schwabe, 1950), fragment 112。参见这篇文章，Margherita Isnardi Parente, "Le obiezioni di Stratone al 'Fedone' e l'epistemologia peripatetica nel primo ellenismo", *Rivista di filologia e istruzione classica* 105 (1977): 287-306。也参见，Luciana Repici, *La natura e l'anima: Saggi su Stratone di Lampsaco* (Turin: Tirrenia Stampatori, 1988); Julia Annas, *Hellenistic Philosophy of Mind* (Berkeley: University of California Press, 1992), pp. 28-30。

200—前118）的说法，斯特拉托擅长解析其他思想家的说法，但在提出自己的论点时却不那么令人信服。[1] 其他人则谈过斯特拉托的独创性和智识的独立性，特别是在他看待其老师亚里士多德时。

40　　斯特拉托对灵魂的思考引起了普鲁塔克的注意；我想知道，来自亚里士多德《政治学》中的一段话是否对这些思考有所贡献。[2] 因为，从柏拉图开始，所有关于灵魂的论述，都与政治统治形式有关，至少是隐晦地在讨论。我所惊讶的是，关于野兽之灵魂的争论显然从未诉诸亚里士多德在其《政治学》中提出的"其他动物"（即野兽）与奴隶之间的著名类比。让我重提几段话：

> ［……］人类与那些天生就是奴隶的人之间存在着巨大差异，就像从肉体中区分灵魂，从更低等动物中区分人类一样（而以此条件也可以从那些运用体力发挥作用的人中区分出那些最出类拔萃的人）。[3]

1　Strato, *Straton von Lampsakos*, fragment 112.

2　Repici, *La natura e l'anima*. Aristotle, *Politics* 1254b16–20.

3　Aristotle, *Politics* 1254b16–20.

亚里士多德先是将奴隶比作低等的（字面上讲就是**野生的**）动物（theria），继而比作"**其他动物**"（ta alla zoa），最后比作"**家畜**"（emera zoa）：

> 由于他天然地就是一个能够属于（且这就是为什么他的确属于）他人的奴隶，并且，他参与理性活动，以至于他也理解理性，但是不拥有理性；因为**除了人之外的动物不是循着理性，而是循着感知去理解理性**（to gar alla zoa ou logo aisthanomena alla pathemasin uperetei）。并且，奴隶的用处与动物的用处也相差不大；奴隶和家畜之类都可以为生活中的必要事情提供体力上的服务。[1]

亚里士多德的话在今天听起来令人反感；它们显然涉及的是一个在形式上与我们不同的社会。可是，亚里士多德那褪去人性的目光有没有可能促使某些人从非常不同的方向进行思考呢？前文中，普鲁塔克提到斯特拉托的论点，即"没有一些智慧行为，就

---

[1]　Aristotle, *Politics* 1254b20–28; 也参见 1280a24–25; 1281b19–21。

根本不可能有感知能力（aisthanestai to parapan）"。我想知道，这种观点是否会是斯特拉托通过颠倒亚里士多德关于奴隶和野兽的类比关系而产生的。亚里士多德称奴隶和野兽都"不是循着理性，而是循着感知（pathemasin）去理解理性的"。这种批判的处理方式，无论是明确地讲还是潜在地判断，正是亚里士多德自己在反复警告类比的风险时所批评的。[1] 我的看法是，斯特拉托对类比的中间项——感知——进行了更细致的考察。亚里士多德通过评论**感知**（aisthánomai）贬低了一些人，而普鲁塔克靠同一个词，抬升了一些野兽的地位。

6

我说"一些野兽"是因为普鲁塔克在《陆地动物和海洋动物究竟哪个更聪明》中反复强调，人类之间以及"其他动物"之间有巨大差异。他用斯特拉托的论点反对一些不知身份的"**逻辑**

---

1 G. E. R. Lloyd, *Polarity and Analogy: Two Types of Argumentation in Early Greek Thought* (Cambridge: Cambridge University Press, 1971), pp. 361-83.

辩论者"（dialektikoi）。普鲁塔克的论辩对象之一是克律西波斯（Chrysippus，前279—前206），斯多亚学派的哲学家。后者断言：

> 当一条狗到了一处岔路三分的地点，他会使用一种多项析　42
> 取式的（multiple disjunctive）论证并自行推论起来："被追踪
> 的野兽已经选择了这条或那条，或第三条路。不过现在确定的
> 是肯定没有选择这条和那条路，那么它一定走了剩下的那条
> 路。"感知在这里只提供了小前提，而理性的力量提供了大前
> 提，在这两个前提之上有了结论。[1]

正如我们从塞克斯都·恩披里科（Sextus Empiricus，2世纪下半叶到3世纪早期）那里所知道的，[2]"特别敌视非理性动物"的克律西波斯认为狗在"默默地运用推理"。[3]普鲁塔克嘲讽了这个结论：

> 无论如何，一条狗不需要如此证明其本领，这不属实还具

1　Plutarch, *Moralia* 969A–B.

2　Sextus Empiricus, *Outlines of Scepticism* (Julia Annas and Jonathan Barnes trans and eds) (Cambridge: Cambridge University Press, 1994), 6.62–72.

3　Empiricus, *Outlines of Scepticism* 1, 69.

有欺骗性；因为凭借足迹和气味的残留，感觉本身就可以指出生物逃跑的路向；不必用析取式的和合取式的（copulative）命题自寻烦恼。[1]

普鲁塔克给出了一个与之相对的例子：

43   直到今天，每当色雷斯人考虑穿越结冰的河流时，都会依靠狐狸来确定冰的坚固程度。狐狸慢慢地向前移动，把耳朵贴在冰上；如果她通过声音感知到溪流在下面贴近冰面的地方流过，她就会断定结冰的部分不是很厚，而是很薄且很危险，如此，她就一动不动地站着，如果被允许，她会返回岸边；但如果没有任何声音，她就会解除警惕并过河。那么，我们还是不要去宣称这是一种未有理性辅助的细腻感知；相反，这是从知觉证据中得出三段论式的结论："产生噪声的东西必定在运动；在运动就没有冻结；没冻结就是流动的；流动的状态会使冰散开。"[2]

---

1   Plutarch, *Moralia* 969B.
2   Plutarch, *Moralia* 969A.

为了驳斥克律西波斯的狗使用析取式的命题，普鲁塔克摆出了一个有三段论意识的狐狸。[1]

7

在普鲁塔克就野兽之状态所写的众多作品中，《陆地动物和海洋动物究竟哪个更聪明》是最长篇幅和最重要的作品。这些作品都收录在普鲁塔克的《道德论丛》（*Moralia*）中。阿尔多·马努乔（Aldo Manuzio，1449—1515）于1509年在威尼斯出版了其伟大的希腊文版本。可是，这些篇章中最有影响力的文章《野兽是理性的》（*Beasts Are Rational*），在那个时候已经开始以两个不同的拉丁文译本流传。第一个译本于1503年在布雷西亚以独立小册子形式印刷。译者多米尼科·博诺米尼（Domenico Bonomini）不能确定其作者是普鲁塔克还是琉善（Lucian，约125—180）。第二个译本1508年随着普鲁塔克的其他短篇选集在威尼斯出版，选集的

44

1 　关于这段文字的不同解释，参见 Labarrière, "Raison humaine": 117-18。

标题是《论野兽身具理性的对话》（*Dialogus in quo animalia bruta ratione uti monstrantur*）。[1] 在《野兽是理性的》中，普鲁塔克表现了尤利西斯（Ulysses）与他此前的伙伴之一格里卢斯（Gryllus）的谈话。格里卢斯被喀耳刻（Circe）变成了一头猪。尤利西斯试图说服格里卢斯重新加入人类，可是没有成功。格里卢斯反对说："野兽的灵魂具有更伟大的天然禀赋并产生完美的美德。"[2] 野兽更接近自然，它们的生活"没有空洞的幻想"。尤利西斯称格里卢斯为"诡辩家"；格里卢斯反驳说："自从我进入我的这个新身体之后，我对那些诡辩家用来说服我的论点感到惊奇，他们认为除了人之外，所有的生物都是**非理性的和无感知的**（aloga kai anoeta）。"[3] 普鲁塔克所说的诡辩家，再一次指的是斯多亚学派。格里卢斯得出结论，如果你拒绝把"野兽的智慧（therion

---

1　Plutarch, *Plutarchi Chironei Dialogus* (Dominicus Bonominus trans.) (Brescia: Angelum Britannicum, 27 May 1503) (BUB: Aula V. Tab I . F. I. VOL. 423.2, 与 Isocrates, De regno gubernando 合订); Plutarch, *Regum et imperatorum Apophtegmata Raphaele Regio interprete; Plutarchi Laconica apophtegmata Raphaele Regio interprete; Plutarchi Dialogus in quo animalia bruta ratione uti monstrantur, Joanne Regio interprete; Raphaelis Regii apologia, in qua quattuor hae questiones potissimum edisseruntur* . . . (Venice: Georgio Rusconi, 11 October 1508) [Vatican: Incun. IV. 573 (3)]。

2　Plutarch, *Moralia* 987B.

3　Plutarch, *Moralia* 992C（强调是我附加上去的）。

phronesin）称为'智慧'，如今就该为你寻找一些更公正乃至更光荣的词来称呼它。"[1]

普鲁塔克戏谑性的对话在16世纪的意大利产生了相当大的影响。回顾两部作品就足以想见：马基雅维利未竟的诗歌《金驴》（*L'asino d'oro*）——尽管标题可能是后加上去的——不是得益于阿普列乌斯（Apuleius，124—约170），而是更多地借鉴了普鲁塔克。借鉴普鲁塔克的还有詹·巴蒂斯塔·杰利（Giovan Battista Gelli，1498—1563）生动的对话录《喀耳刻》（*La Circe*）。[2] 前教皇大使吉罗拉莫·罗拉里奥的《野兽往往比人类更善用理性》（*Quod animalia bruta sepe ratione utuntur melius homine*），也借鉴了普鲁塔克的对话录。从它的标题就可以看出。在罗拉里奥的对话录中，作者与特伦特主教贝尔纳多·克莱西奥（Bernardo Clesio，1485—1539）之间的对话编排了一系列故事，展示了动物的多种聪明才智：狗学会了等待主人祈祷完毕后才接近他们，鹦鹉将基督教信条牢记在心，跳舞的熊，虔诚的大象（普鲁塔克

45

1　Plutarch, *Moralia* 991F.
2　Niccolo Machiavelli, *Opere letterarie* (Luigi Blasucci ed.) (Milan: Adelphi, 1964), pp. 263-300（尤其参见第 7 章和第 8 章这最后两章）; Giambattista Gelli, *La Circe* in *Dialoghi* (Roberto Tissoni ed.) (Bari: Laterza, 1967).

提到过这个例子），如此等等。罗拉里奥非常喜欢复述来自他漫长的外交生涯的轶事，尽其所能地吐露出很多名字——红衣主教、教皇、皇帝。这部口无遮拦，天马行空的小作品开始于1543年，可能完成于1546年。[1] 同时，罗拉里奥（如果他不懂希腊语）可能借助拉丁语读了1545年威尼斯出版的普鲁塔克《陆地动物和海洋动物究竟哪个更聪明》一文的意大利语译本:《关于陆地动物和海洋动物哪个更聪明的……对话》(*Dialogo* [. . .] *circa l'avertire de gl'animali quali sieno più accorti, o li terrestri, o li marini*)。[2]

　　罗拉里奥首先将自己的对话录献给了特伦特主教克里斯托福罗·马德鲁佐（Cristoforo Madruzzo, 1512—1578）。尔后，在1547年，他又将之献给了阿拉斯（Arras）主教安托万·佩

1　Silvano Cavazza, "Girolamo rorario e il dialogo 'Julius exclusus'", *Memorie storiche forogiuliesi* 60 (1980): 129-64；尤其是第57页的注释56［引用了一封罗拉里奥写给彼特罗·保罗·瓜尔蒂耶里（Pietro Paolo Gualtieri, 1833—1869）的信，写于波代诺内1543年8月10日］; Pio Paschini, "un pordenonese nunzio papale nel secolo XVI: Gerolamo Rorario", *Memorie storiche forogiuliesi* 30 (1934): 169-216；特别是第198页（时间是1546年）。

2　Plutarch, *Dialogo di Plutarco circa l'avertire de gl'animali quali sieno più accorti, o li terrestri, o li marini, di greco in latino et di latino in volgare, nuovamente tradotto, et con ogni diligentia stampato* (Venice: 1545) (BUB: A. V. Caps. 17. 8).

勒 诺 · 德 · 格 朗 韦 勒（Antoine Perrenot de Granvelle，1517—
1586）。这部著作显然已准备付梓；不知出于什么原因，过了
一个世纪它仍未出版。尽管罗拉里奥采用轻松、轶事式的行
文，但莫非有人反对其主题的危险暗示吗？或许有吧。无论如
何，当这部作品于1648年在巴黎首版时，标题中那个副词**往
往**（sepe）消失了，这是在蓄意强调野兽绝对比人类更具优越
性。编者加布里埃尔·诺代（Gabriel Naudé，1600—1653）是
一位著名作家，他是以不信教著称的学者圈子——**逍遥博学
家**（libertins érudits）——中的著名成员。在一封致古物研究
者皮埃尔·迪皮伊（Pierre Dupuy，1582—1651）及其弟雅克
（Jacques，1591—1656）的题献中，诺代解释说，他逗留意大
利期间，在红衣主教巴尼（Bagni）的宫廷里偶然发现了罗拉里
奥的对话录手稿。[1]拜尔关于"罗拉里乌斯"的词条中提到该对
话录的第二版，它于1654年在阿姆斯特丹出版，并于1666年再   47
版。第三版于1702年在斯海尔托亨博斯（'s-Hertogenbosch）出
版；第四版于1728年在赫尔姆施塔特（Helmstadt）出版，由

---

1   Hieronymus Rorarius, *Quod animalia bruta ratione utuntur melius homine*, 2 VOLS
    (Gabriel Naudé ed.) (Paris: Sébastien Cramoisy, 1648) (Archig.: 10. bb. II. L. op. 3).

里博维乌斯（Ribovius，1601—1644）作了博学的评注。[1] 莱布尼茨（Leibniz，1646—1716）是随后关于野兽有灵之辩的参与者之一。

这种惊人的影响力与罗拉里奥的对话录本身具有的分量完全不成比例。可是，它吸引了如此多的博学人士的注意，罗拉里奥的生平和著作现在相当有名。他于1485年出生在弗留里（Friuli）的波代诺内（Pordenone）附近一个小镇萨奇莱（Sacile）。他年轻时受教于两位杰出的人文主义者弗朗切斯科·阿玛尔特奥（Francesco Amalteo，1480—1554）和马克安托万·萨贝里科（Marc'Antonio Sabellico，1436—1506），之后赴帕多瓦学习法律，并在那里获得学位。他以外交官身份为皇帝马克西米利安一世服务了几年；从教皇利奥十世那里获得了宗教总书记官（protonotary apostolic）的头衔；在1521年，作为查理五世的大使前往德国，负责处理路德宗起义所产生的混乱。罗拉里奥在罗马教皇克勒芒七世的宫廷里待了一段时间后（在那里，他可能偶然遇到了帕米贾尼诺），罗

---

1 Paul Oskar Kristeller, "Between the Italian Renaissance and the French Enlightenment: Gabriel Naudé as an Editor", *Renaissance Quarterly*, 32(1) (spring 1979): 41-72；特别是第55-58页；Cavazza, "Girolamo Rorario", p. 130n2。

拉里奥担任驻德国、匈牙利和波兰的教皇使节。他大概去世于
1556年，没有任何他的作品出版。[1]他那本受琉善启发的对话录以
手稿形式保存下来。1648年他的一篇同样受琉善启发的戏谑性的
讲稿问世，讲述了大量的老鼠栖息在红衣主教坎佩吉（Lorenzo
Campeggi，1474—1539）的花园里；同年，《野兽往往比人类更善
用理性》也出版了。《被驱逐的尤里乌斯》（*Julius exclusus*）是
一本关于教皇尤里乌斯二世的小册子，在不同时期，或是被视为
伊拉斯谟的作品，或是被视为出自罗拉里奥，也可能二人都不是
作者。[2]

　　罗拉里奥的作品中没有任何表明其异端倾向的东西，没有任
何内容预示他会像加布里埃尔·诺代这样的17世纪自由主义博学
家那般思考。保尔·奥斯卡·克里斯特勒（Paul Oskar Kristeller，
1905—1999）在一篇专门介绍诺代编辑意大利文本的文章中写道：

48

1　Paschini, "Un pordenonese", p. 211. 关于罗拉里奥和吉贝蒂（Giberti），参见
　　Paschini, "Un pordenonese", p. 173（应用了罗拉里奥1524年7月31日在维也纳
　　写给吉贝蒂的信。在那时，帕米贾尼诺是吉贝蒂的门徒：参见，Giorgio Vasari,
　　Le vite de'piu eccellenti pittori, scultori ed architettori in Le opera, VOL. 5, p. 22。
　　也参见，Adriano Prosperi, *Tra evangelismo e controriforma: Gian Matteo Giberti
　　(1495-1543)* (Rome: Edizioni di storia e letteratura, 2011）。

2　Cavazza, "Girolamo Rorario".

"在这种情况下，就像在许多其他情况下一样，编者比作者更重要。"[1] 在同一篇文章中，克里斯特勒提到了在锡耶纳市政图书馆（Biblioteca Comunale）的罗拉里奥的手稿——《野兽往往比人类更善用理性》——与诺代所用版本的手稿（现已散佚）有所不同。除了一些微小的差异外，现藏于锡耶纳的手稿还包括一段对法国国王弗朗索瓦一世的猛烈批评，这些批评没有出现在任何印刷版本中。在这段易生事端的文字出现之处，诺代写入的是一串星号替代原文；换句话说，编辑充当了审查员。[2] 西尔瓦诺·卡瓦扎（Silvano Cavazza，1946— ）提出另一种假设，将这种压制批评的行为归于罗拉里奥本人——在卡瓦扎看来，罗拉里奥决定把他从未发表过的对话录献给佩勒诺·德·格朗韦勒，这就有必要去掉有潜在冒犯性的文字。[3] 可是，格朗韦勒作为一个一生中大部分时间都在为皇帝查理五世服务的外交官，对罗拉里奥的反法言论会完全无动于衷。

---

1 Kristeller, "Between the Italian Renaissance" : 57.

2 Kristeller, "Between the Italian Renaissance". 参见 Biblioteca Comunale di Siena, ms. H. IX. 6。

3 Cavazza, "Girolamo Rorario" : 157n57.

8

卡瓦扎令人信服地指出，在锡耶纳的这份手稿保持着《野兽往往比人类更善用理性》的早期版本，据推测是罗拉里奥寄给他的通信者彼得罗·保罗·瓜尔蒂耶里的版本。[1] 拜尔无限的好奇心和博学使罗拉里奥享有持久的声誉，这一定曾推动了锡耶纳手稿的编辑，使之尽快出版有了希望。可是，罗拉里奥此文本的影响力尚未产生。它曾触动了一根神经——尽管是在很晚近的时候。何出此言？

我的初步回答将从"情念程式"（Pathosformeln）开始：这是一个由艾比·瓦尔堡（Aby Warburg，1866—1929）发展起来的概念，用来解释古代视觉模式在文艺复兴艺术中的重新出现。在较早的一篇文章中，我提出了类似的"推理程式"（Logos-formeln）的理念。[2] 古代文本被再度唤醒开启了概念的发展可能性和使用限

1　Cavazza, "Girolamo Rorario": 157n56.

2　Carlo Ginzburg, *Wooden Eyes: Nine Reflections on Distance* (New York: Columbia University Press, 2001), p. 113.

野兽之魂

定性，随着新旧现实的相遇，欧洲逐渐成形了。有两个例子可以
理清我的论点。

50　　第一个关于曼图亚的哲学家彼得罗·彭波那齐（Pietro
Pomponazzi，1462—1525）。1489年到1525年之间，他在帕多
瓦和博洛尼亚的大学教授亚里士多德哲学。在一篇重要的文章
中，布鲁诺·纳尔迪（Bruno Nardi，1884—1968）分析了彭波
那齐的教学。研究凭借的是后者的学生所做的一系列未发表的笔
记。[1] 1523年3月，彭波那齐正在博洛尼亚讲授亚里士多德的《气
象学》（De Meteoris）时，突然向听众宣布了他刚刚从一个朋友那
里得到的一条非同寻常的消息。那就是著名旅行家安东尼奥·皮
加费塔（Antonio Pigafetta，1480—1531）寄给葡萄牙女王伊莎贝
尔一份详细报告，讲述前者三个月来在南半球旅行的情况。彭波
那齐从报告中惊讶地知晓皮加费塔遇到了大量土著居民，因为根
据亚里士多德的说法，毕竟没有人能在这些地区生活。因此，彭
波那齐告诉他的学生，亚里士多德关于这个问题的言论是"**垃圾**"
（fatuitates）。在这段题外话之后的第二天，彭波那齐在他的课上讲

1　Bruno Nardi, "I corsi manoscritti di lezioni e il ritratto di Pietro Pomponazzi" in *Studi su Pietro Pomponazzi* (Firenze: Felice Le Monnier, 1965), pp. 3-53; 特别是第41—44页。

到了一些神学家提出的诘难。如果那些新被发现的人们也是亚当的后裔，为什么基督漠视他们的救赎呢？"**这应该由修士们来回答**（*Ad hoc respondeo quod hoc solvant fratres*）。"彭波那齐轻率地回答。不过他随后说，如果亚里士多德和他的注疏者阿威罗伊（Averroés，1126—1198）不知道在地上之事，他们就很难知道上天之事。他最后总结性地说，也许基督在南半球也曾被钉死在十字架上。

据纳尔迪说，参加彭波那齐讲座的学生中有伊莎贝拉·德埃斯特（Isabella d'Este，1474—1539）的儿子埃尔科尔·贡扎加（Ercole Gonzaga，1505—1563）。[1] 或许胡安·希内斯·德·塞普尔韦达的出席是更有意义的。作为亚里士多德《政治学》的翻译者和注疏者，塞普尔韦达认为美洲印第安人是"天生的仆人"——愚蠢、腐败、野蛮的人，比畜生好不了多少。根据塞普尔韦达的说法，尽管墨西哥有建筑，也不能被视为那里的人类有创造性的证据，因为蜜蜂和蜘蛛建造的东西是人类无法模仿的。[2] 如出一辙

---

1 Nardi, "I corsi manoscritti", p. 43（埃尔科尔·贡扎加在 1522 年至 1525 年期间参加了彭波那齐的课程）.

2 Giuliano Gliozzi, *Adamo e il nuovo mondo* (Firenze: la nuova italia, 1977), 从第 294 页之后，特别是第 295 页，引自 Juan Ginés de Sepúlveda, *Democrates* （转下页）

地，一个叫格雷戈里奥（Gregorio）的人认为，亚里士多德关于那些天生是奴隶的人的理论，"如果适用于那些天生是仆人和野蛮的人，是公平的——那些既没有洞察力也不能理解的人，就像这些印第安人一样，每个人都认为他们是会说话的野兽"。[1] 在他身后出版的对话录《第二种民主》中，塞普尔韦达揭示了这种态度中令人不寒而栗的含义。他把对印第安人的战争比作狩猎野兽——塞普尔韦达引用亚里士多德的话评论说，这两种活动都是"天然正义的"。[2]

9

我的第二个例子与普鲁塔克和他最著名的16世纪读者米歇尔·德·蒙田（Michel de Montaigne，1533—1592）有关。在蒙

（接上页）*secundus sive de justis belli causis* (Angel Losada ed. and trans.) (Madrid: Instituto Franciscode Vitoria, 1951), p. 36。也参见 Aristotle, *De republica libri VIII* (Juan Ginés de Sepúlveda ed.)（致西班牙君主菲利普）(Paris, 1548) (BUB: A. IV. N. I. 6，来自 Ulisse Aldrovandi 的图书馆）。

1 Gliozzi, *Adamo*, p. 288（引自 Bartolome de las Casas, *Historia de las Indias*, p. 198）.

2 Sepúlveda, *Democrates secundus sive de justis belli causis*.

田的《随笔集》（*Essays*）中，明确参考普鲁塔克之处不胜枚举：
我将引用一段文字，摘自《为雷蒙德·塞邦德辩护》（*Apology for Raymond Sebond*），这段文字含蓄地向普鲁塔克致意，但远远不限于他：

> 为什么阻止我们之间的所有交流应该是野兽的缺陷而不是我们的缺陷？我们只能猜测我们不能理解彼此就是问题所在：因为我们不理解它们，与它们理解不了我们是一样的。它们可能会把我们看作野兽，其原因和我们认为它们是野兽一样。如果我们不能理解它们，那也不是什么大惊小怪的事：我们不是也不能理解巴斯克人和穴居人嘛![1]

53

依据这个震撼的翻转，人类突然被通过野兽的眼睛打量。语言

1　Michel de Montaigne, *The Complete Essays* (M. A. Screech trans.) (London: Penguin Books, 1991), p. 506. 参见 Michel de Montaigne, *Essais* (Albert Thibaudet ed.) (Paris: Gallimard, 1950), p. 498: "Ce defaut qui empesche la communication d'entre elles et nous, pourquoy n'est il aussi bien à nous qu'à elles? C'est à deviner, à qui est la faute de ne nous entendre point: car nous ne les entendons non plus qu'elles nous. Par cette mesme raison, elles nous peuvent estimer bestes, comme nous les en estimons. ce n'est pas grand' merveille si nous ne les entendons pas; aussi ne faisons nous les basques et les troglodites."。

不再是人类和野兽之间不可通约的异属标志；相反，它成为一种可互通地存异的标志。一个人可以尝试学习巴斯克语，甚至可以努力理解巴西食人族。[1] 在蒙田的例子中，普鲁塔克对野兽的开放态度并存于（并可能受启发于）对人类的开放态度。我们正处于与格雷戈里奥关于殖民地土著是"会说话的野兽"的亚里士多德式定义完全相反的位置。

10

可是，我并不是在这个主题上将普鲁塔克和亚里士多德对立起来。正如我们已经看到的，普鲁塔克探索动物的智识，是对亚里士多德所提论点的发展。此外，普鲁塔克凭借恩培多克勒和赫拉克利特的权威性阐发的语重心长的声明——"当人像那样对待**动物**（ta zoa）时，他就是非正义的，完全谈不上是身不由己"[2] ——这句格

---

1   Carlo Ginzburg, "Montaigne, Cannibals and Grottoes", *History and Anthropology* 6 (2-3) (1993): 125-55.

2   Plutarch, *Moralia* 964 D.

言可能受启发于亚里士多德的《修辞学》(*Rhetoric*) 中关于自然法的一段话，其中也包括对恩培多克勒观点的引用，文中说：   54

> 关于不杀生，这对一些人来说是不正确的，对另一些人来说更是错误的，
>
> **可这是一条普遍的戒律，漫布于广袤苍穹与无垠大地。**[1]

我们可以换一种说法，将野兽与其无辜之间的象征性联系视为一种跨文化现象，这与某些宗教提出的人类生而有罪论不无关系。在《以赛亚书》中，上帝的仆人被比作羔羊，表达了极致的清白无辜，"他被欺压，在守护的时候却不开口。他像羊羔被牵到宰杀之地 [……]"[2]——羔羊被转义为耶稣的极致清白。

表面看来我们的原罪说与野兽有灵论无甚瓜葛。但仔细研究拜尔关于"罗拉里乌斯"的词条会得出不同的结论。我只会提拜尔故意采取迂回策略的方面作为说明。他把吉罗拉莫·罗拉里奥

---

1   Aristotle, *Art of Rhetoric* (J. H. Freese trans.) (Cambridge, MA: Harvard University Press, 1926, Loeb Classical Library 193), 1.13 [强调是我后加上去的].

2   Isa. 53:7.

71

以来的所有主张动物有智识的作家都联系起来，反对笛卡尔和他的动物机械论，即动物是自动运转的理论。拜尔并不试图依循笛卡尔的规则分析其理论，使之像是根据精神与物质、**思考**（res cogitans）与**拓展**（res extensa）之间对立关系得出的缜密结果。相反，他以一种使笛卡尔的理论显得相当荒谬的形式呈现它；继而硬是假装捍卫它，将之作为一种对基督教神学家们不仅有用，还不可或缺的理论。如果与笛卡尔的论证相反，野兽就不是自行运转的，令它们痛苦的行为就将不能被接纳。人类的痛苦是不同的——它是由亚当的"原罪"带来的。可是，那些野兽的痛苦又因何而来呢？我们能把清白无辜的野兽的痛苦归罪于上帝吗？[1]

55

拜尔对神性的正义——或者说是匮乏的正义——的冥思源于看到了野兽的痛苦。这不应是例外，而是必做之事。我们谈论它们，我们思考自己。

1　Bayle, *Dictionnaire historique et critique*, VOL. 4, p. 77nC.

卡尔维诺、曼佐尼和灰色地带[1]

1

　　首先，谈一段记忆、一幅画面。这是个夏天。黄昏。普里莫·莱维（Primo Levi，1919—1987）和伊塔洛·卡尔维诺（Italo Calvino，1923—1985）走在去往雷梅斯圣母村（Rhêmes Notre-

---

1　文章最初于2012年8月11日在巴黎的国际会议"普里莫·莱维：男人、证人、作家"（"Primo Levi: L'homme, le témoin, l'écrivain"）上以法语发表，名称为"Levi, Calvino et la zone grise"。后来作为序言发表于 Primo Levi, *La zone grise: entretien avec Anna Bravo et Federico Cereja* (Paris: Payot and Rivages, 2014)。

Dame）路上，兴致勃勃地交谈着（卡尔维诺的个头稍高一些）。就在雷姆斯，奥斯塔山谷（the Aosta Valley）的一处小山坳，伊诺第（Einaudi）出版社的同事和朋友每年夏天都会到此聚会。研讨会持续大约一个星期。[1] 那是普里莫·莱维参加的唯一一年，至少和我同时参加的讨论会是如此——那一定是1980年或1981年。当塞尔吉奥·索尔米（Sergio Solmi，1899—1981）翻译的雷蒙·格诺（Raymond Queneau，1903—1976）的《小型宇宙的起源》（*Piccola guida alla Piccola Cosmogonia*）意大利文版于1982年由伊诺第出版时，留存在我记忆中的那个画面的意义鲜明起来。

57　卡尔维诺为这本书写了一篇后记，题为《小型宇宙的小型指南》（"Piccola guida alla Piccola Cosmogonia"）。他在后记中感谢莱维：“他凭着化学家的专业知识及其机敏的幽默感，把玩并驾驭着那些对我来说仍然摸不到章法的段落中的很多部分。”[2] 在一篇对《小型

1　关于这些聚会的温馨回忆，参见 Ernesto Ferrero, *Rhêmes o della felicità* (Turin: Liaison, 2008)。

2　Raymond Queneau, *Piccola cosmogonia portatile* (Sergio Solmi trans.) (Turin: Einaudi, 1982); Italo Calvino, 'Piccola Guida alla Piccola Cosmogonia'［后记］in Queneau, *Piccola cosmogonia portatile*, p. 162; Raymond Queneau, *Petite cosmogonie portative* (Paris: Gallimard, 1950). Calvino 在1978年到1981年期间研究这本书：参见 Italo Calvino, *Romanzi e racconti*, VOL. 1 (Mario Barenghi and Bruno Falcetto eds) (Milan: Arnoldo Mondadori Editore, 1991), p. lxxxiv 的注释。关于莱维和卡尔（转下页）

宇宙的起源》热情洋溢的评论中，莱维提到卡尔维诺的《小型宇宙的小型指南》时"非常犀利"。[1] 1986年，他回忆自己在雷梅斯圣母村"快乐且兴趣盎然地"研究格诺。莱维认为这是他与一年前去世的卡尔维诺的友谊中"最快乐的时光"。[2]

这位帮助卡尔维诺破解格诺对门捷列夫的元素周期表的诸多暗喻的化学家，也是《元素周期表》（*Periodic Table*）一书的作者。在这本杰作中，元素周期表被赋上隐喻，用来拟人化地表现人类各种各样的状态。[3] 然而，我们真的能在人类关系的领域中，发现

58

（接上页）维诺之间就《小型宇宙的起源》的通信，参见 Italo Calvino, *Italo Calvino: Letters, 1941–1985* (Martin McLaughlin trans.) (Princeton, NJ: Princeton University Press, 2013), p. 532（书信日期是1985年4月30日）。

1　Primo Levi, *L'altrui mestiere* (Turin: Einaudi, 1985), pp. 150–4, 特别是第153页。

2　Primo Levi, "Calvino, Queneau e le scienze", in *Opere*, VOL. 2 (Marco Belpoliti ed.) (Turin: Einaudi, 1997), pp. 1344–6. 参见 Gabriella Poli and Giorgio Calcagno, *Echi di una voce perduta* (Milan: Mursia, 1992), pp. 329–31. 关于莱维回应卡尔维诺邀请前者评论后者翻译格诺的《苯乙烯之歌》（*Le chant du Styrène*）的书信，参见 Calvino, *Letters*［书信日期为1985年8月10日］。

3　"此外，作者可以从今天和昨天的化学中获得无穷的隐喻遗产"：Primo Levi, 'Ex-Chemist' in *Other People's Trades* (Raymond Rosenthal trans.) (London: Abacus, 1991), p. 175. 参见 Primo Levi, *The Periodic Table* (Raymond Rosenthal trans.) (New York: Penguin, 2000)："桑德罗似乎是铁做的，他的祖先和铁关系不浅"（第36页）；"更隐晦的是，他觉得有必要让自己（也让我）为一个铁一般的未来作好准备"（第37页）。因此，当卡尔维诺写道，"氩"是《元素周期表》中唯一一章使用元素的隐喻意义时，莱维的评论需要修正；参见 Italo Calvino, *I libri degli altri* (Giovanni Tesio ed.) (Turin: Einaudi, 1991), p. 606［书信日期是1974年10月12日］。

与门捷列夫周期表中非隐喻性元素的等价物吗？在探索"连接自然世界和文化世界的横向纽带"时，莱维含蓄地提出此类问题并寻求答案。[1]

2

莱维题为《寻根》（*The Search for Roots*）的个人选集以讨论约伯（Job）开篇。莱维提问："为什么从约伯开始？"他回答说：

> 因为这个宏大而又令人痛心的故事浓缩了所有时代的问题，人类至今从未找到这些问题的答案，我们也永远不会找到答案，但他将永远寻找答案，他需要靠这样才能活下去，才能理解自己和世界。约伯是反对不公压迫的义人（the just man）。[2]

59

1　Levi, *Trades*, p. viii.
2　Primo Levi, *The Search for Roots: A Personal Anthology* (Chicago: Ivan R. Dee, 2001), p. 11.

约伯是普遍意义上的"人"。然而，在莱维这句话中，我们可以听到一种自传的意味。当莱维谈起义人约伯在撒旦和上帝之间的赌约中"下作得像供实验使用的动物"时，这一点在几行文字之后变得清晰起来。《这是不是个人》(*If This Is a Man*)中有一段知名文字，莱维在此谈到奥斯威辛是一场实验：

　　一场巨大的生物学和社会学实验。数以千计的不同年龄、条件、出身、语言、文化和习俗的个人，被围在铁丝网内：在那里，他们过着一种统一管控的生活，所有人概无例外，所有需求都无法满足，且这比任何实验者所搞的那种确认人类这种动物在求生之际如何作出轻重取舍的实验，都更为严谨。[1]　　　　　　　60

---

1 Primo Levi, "*If This Is a Man*" *and* "*The Truce*" (Stuart Woolf trans.) (London: Abacus, 2002), p. 93。参见 Daniele Del Giudice 在 Primo Levi *Opere*, VOL. 1 (Marco Belpoliti ed.) (Turin: Einaudi, 1977), p. lxii 处，为该书意大利文原版所作的引言，以及他关于克劳德·列维-施特劳斯将莱维定义为"伟大的民族志研究者"的再议，莱维 在 The Black Hole of Auschwitz (Sharon Wood trans.) (Malden, MA: Polity, 2005), p. 8 的 Primo Levi, "Arbeit Macht Frei (1959)" 中，再一次写到"集中营的实验性特点"。参见 Massimo Bucciantini, *Esperimento Auschwitz: Auschwitz Experiment* (Turin: Einaudi, 2011)。

正如卡尔维诺立即指出的那样，约伯使人想起奥斯威辛。[1]然而在数年前，莱维就以约伯为示范提出一个问题：义人和不义之人之间是就是二元对立的，即便在奥斯威辛的问题上，二者也总是界限分明的吗？莱维翻译了雅各布·普雷瑟（Jacob Presser，1899—1970）写的故事《吉伦特派之夜》（*The Night of the Girondins*）。莱维在为该译本所作的序言中写道："有许多迹象表明，现在是时候探索那个夹在受害者与刽子手之间的空间了，并且，要以比之以往所做的——就像在近年来一些著名电影中所做的那样——更少些凝重感，并以不那么含糊其辞的精神状态来做。"[2]在1979年的采访中，莱维讨论了一个关于"面对含糊其辞时站明立场"的计划。[3]在1979年的另一场采访中，他明言想重新审视他在集中营的经历："总之是关于所有争议，关于受害者和压迫者之间的身份识别，关于罪责的主题，关于那个地方的极度含糊

---

1 "我要指出，正是《约伯记》作为这种'寻根'的导引使我们意识到普里莫·莱维经历了奥斯威辛的旅程。"参见 Italo Calvino, Review, *La Repubblica* (11 July 1981)；现在可以在 Levi, *Search for Roots*, p. 222 处，卡尔维诺所作的"后记"中看到。

2 Primo Levi, 'Preface to Presser's *The Night of the Girondins*' in *Black Hole*, p. 36. 与之相关的 Liliana Cavani 的电影是 *The Night Porter* (1974)。

3 Primo Levi, *Conversazioni e interviste: 1963-1987* (Marco Belpoliti ed.) (Turin: Einaudi, 1997), p. 158 [对 G. Arian Levi 的采访最初发表于 *Ha Keillah*, February 1979]。

其辞，关于那块将被压迫者和压迫者隔开的灰色地带。"[1]

这是对"灰色地带"概念的预告。"灰色地带"是莱维最后一 61
本书《被淹没的与被拯救的》（*The Drowned and the Saved*）中内
涵最深的一章。然而，在他的第一本书《这是不是个人》中，这
个标题（并不是隐喻性的表述）已经出现在题为"被淹没的和被
拯救的"的一章中。[2] 近四十年过去，这一章的标题成了一本书
的标题。这本书结束了他的文学之旅（不久后，他的生命也结束
了）。然而，这两个文本的语气却截然不同。《这是不是个人》中
"被淹没的和被拯救的"那一章是以一个正在回忆的见证人的视角
写的；《被淹没的和被拯救的》"灰色地带"那一章则是以一个正在
反思的见证人的视角写的。介于回忆和反思之间的不仅有荏苒的
时光，一部文学作品如滤镜般进一步加强了二者间的距离感，那
就是《约婚夫妇》（*The Betrothed*）。在1979年接受采访时，莱维
已经想到了这一点：

---

1 Primo Levi, *The Voice of Memory: Interviews, 1961-1987* (Marco Belpoliti and David
   Gordon eds) (New York: Polity, 2000), p. 131.

2 Primo Levi, *The Drowned and the Saved* (Raymond Rosenthal trans.) (New York:
   Vintage, 1989); Levi, *If This Is a Man*, pp. 93-106。在一份早期的草稿中第二章的
   主题是"被淹没的和被拯救的"，随后，这一章的主题变成了"在底层"：参见
   Philippe Mesnard, *Primo Levi: Le passage d'un témoin* (Paris: Fayard, 2011), p. 188。

伦佐·特拉马利诺（Renzo Tramaglino）拿刀威胁唐阿邦
迪奥（don Abbondio）。曼佐尼（Manzoni）意识到，压迫者
唐罗德里戈（don Rodrigo）也应对他的受害者所实施的轻微
压迫行为负责。这是一个我非常熟悉的主题。把所有的恶魔置
于一边而把所有圣人都放在另一边看待，这是一个愚蠢的错
误。过去完全不是那样的。[……] 非黑即白的划分意味着不

62　　了解人性。[1]

对《约婚夫妇》的直接和间接的响应经常出现在莱维的作品和
采访中。实际上，上述莱维所说的那段来自亚历山德罗·曼佐尼
（Alessandro Manzoni，1785—1873）的描写，在前者于1979年接
受的采访中被提到，继而在《被淹没的和被拯救的》"灰色地带"
一章中被引用。这段文字尤其重要。莱维选择曼佐尼作为向导，
向"含糊其辞"的那个湿滑的斜坡前进，走近一个扎根于其在奥
斯威辛的经历中的话题。为什么是曼佐尼？

1　Primo Levi, "A Conversation with Primo Levi (1979)", *Voice of Memory*, pp. 121-35,
　　尤其是第131到第132页的 Giuseppe Grassano 的采访。

3

对于年轻的莱维而言，"我们赖以为生的化学和物理学［……］是针对法西斯主义的解药"。正如我们在《元素周期表》中的"铁"一章中所读到的：

> D教授给了我们每人一克特定的粉末：第二天我们必须完成定性分析，也就是，报告它含有哪些金属和非金属元素。书面报告就像警察的报告一样，只有是和不是，因为怀疑和犹豫是不允许的：每一次都要做出选择、审议、熟练和负起责任，这里散发出一种纯粹且清新的气味，法西斯主义让我们面对的不是这些。[1]

元素周期表需要明确的答案。正如莱维在1975年总结的："化

1　Levi, *Table*, pp. 31-2, 39-40.

学家这个行当很大程度上在于觉察到这些差异［就像几乎是相同的钠和钾之间的差异］［……］不仅仅是化学家的行业如此。"[1] 然而，莱维的信念，即化学世界的明确回答可以扩展到人类的领域，在不久后注定要破碎，被他关于奥斯威辛经历的不断反思瓦解。"新来到拉热（Lager）的人，无论年轻与否"[2] 都会立即知道，在压迫者和被压迫者之间有一个模糊的地带，那里住着享有特权的被压迫者，他们或多或少地与压迫者合作。模糊性与差别不是一回事（在元素周期表中没有模棱两可）。施加压迫的被压迫者是一种模棱两可的存在，一种矛盾的修辞表述。正如皮尔·温琴佐·门加尔多（Pier Vincenzo Mengaldo，1936— ）以卓越的方式证明的，"［几乎确定的是，］在莱维的作品中，无论在次数上还是在水准上，"揭示灰色地带的"风格笔法都是最突出的"。[3]

1976年，莱维问："科恩能被审判吗？"科恩（Cohn）是普雷瑟的《吉伦特派之夜》中的一个人物，这个犹太人执行纳粹的

1　Levi, *Table*, p. 51. 这段文字引自 Cesare Cases, "L'ordine delle cose e l'ordine delle parole" in Ernesto Ferrero (ed.), *Primo Levi: un'antologia della critica* (Turin: Einaudi, 1997), p. 7 的一种不同的观点。

2　Levi, *Drowned*, p. 33.

3　Pierre Vicenzo Mengaldo, "Lingua e scrittura in Levi" in *Per Primo Levi* (Turin: Einaudi, 2019), pp. 233–42；关于灰色地带，参见第238页。

命令，将同胞驱逐到索比伯尔（Sobibór）。"好吧，这本书的感觉是科恩**可以被审判**。"[1]十年后，在《被淹没的和被拯救的》中，他反思了那些在现实中与纳粹勾结的人，并作出了不同的回答："有必要声明，对这种有关人性的案例进行草率的道德审判是不明智的。"[2]在一个有所考虑的位置，他插入了几年前他在接受采访时提到《约婚夫妇》时说的一段话：

> 19世纪小说家兼诗人亚历山德罗·曼佐尼清楚地知道："挑唆者、压迫者，所有那些以某种方式侵害他人者，是有罪的，不仅因为他们所犯的罪行，也因为他们使受害者的精神陷入扭曲。"受害者的身份不会成为免罪的理由，这种犯罪在客观上往往很严重，但是我知道，不存在审判人性的法庭可以受任对此做裁决。[3]

"不存在审判人性的法庭"——写这句话的人不知道有任何其

64

1　Levi, Preface to Presser, *The Night of the Girondins*, pp. 35-6.

2　Levi, *Drowned*, p. 44.

3　Levi, *Drowned*, pp.43-4.

他类型的法庭存在，但这些话表明了，作为无神论者的莱维，和作为天主教徒因而一定认识到神性审判乃决定性诉求的曼佐尼之间，形成了多么密切的精神对话。然而，在这种精神共鸣中，莱维所使用的短语"对这种有关人性的案例"，应该与诡辩论式的决疑法（casuistry）联系在一起。"决疑法"即这样一种洞见方式，它将那些关于法则和道德规约的抽象表述置于特定的案例中进行分析，旨在从具体情境中检验其有效性。莱维在他为赫尔曼·朗拜因（Hermann Langbein，1912—1995，另一名奥斯威辛的囚徒）的书所作的序言中使用了"良知案例"（cases of conscience）这一精当的表达，确认了决疑法与奥斯威辛的这种联系。朗拜因在这本书中详细分析了"卡波们（Kapos）和被给予特权地位的人"的集中营体系。[1]

65

---

1 Primo Levi, "Preface to H. Langbein's *People in Auschwitz*" in *Black Hole*, p. 81，莱维在他为普雷瑟的《吉伦特派之夜》所写的序言中已经提到了朗拜因的书，这本书还没有被翻译成意大利文。朗拜因在"犹太VIP"那章中指出，普里莫·莱维本人在《这是不是个人》中已经认识到，他没有充分调查集中营的管理等级关系 [Hermann Langbein, *People in Auschwitz* (Harry Zohn trans.) (Chapel Hill: University of North Carolina Press, 2004), pp. 169ff]。莱维称朗拜因是"我亲爱的朋友，我敬重的人"，参见 Risa Sodi, "An Interview with Primo Levi", *Partisan Review* 54(3) (1987): 364。

4

我刚才是从决疑法的一个非常宽泛的定义入手的，现在我将从历史的角度对之作具体说明。曼佐尼在詹森主义（Jansenism）的启示下皈依了一种严格的天主教。他是波尔罗亚尔修道院的作家们（the Port-Royal writers）的热情读者。曼佐尼对决疑法总是有一种否定性的偏见。[1] 这可以在《天主教道德辩护》（*A Vindication of Catholic Morality*，1819年）中看到。此书是曼佐尼在主教路易吉·托西（Luigi Tosi，1763—1845）的鼓励下所写，以回应西蒙德·西斯蒙第（Simonde Sismondi，1773—1842）的《意大利共和国史》（*Histoire des républiques italiennes*，1818年）的最后一章。[2] 西斯蒙第把意大利人道德上的堕落大体上归咎于天主教会，特别是其采用决疑论所导致的腐化作用。曼佐尼为天主教的 66

---

[1] 与此有关的所有内容，参见仍在初稿状态的书作，Francesco Ruffini, *La vita religiosa di Alessandro Manzoni*, 2 VOLS (Bari: G. Laterza, 1931)。

[2] Jean Charles Léonard de Sismondi, *Histoire des républiques italiennes du Moyen Age*, VOL. 16 (Paris: Treuttel et Wurtz, 1818), pp. 407-60.

道德属性辩护来回应这种攻击，但他这样做使自己对决疑论者敬而远之。他说，他"没有"读过"他们中的人的哪怕一部作品"，而只是通过"针对他们中的许多人的反驳和谴责"（首当其冲的当然是帕斯卡的《致外省人信札》）才知道他们。[1]也许曼佐尼坦率的陈述并不完全真实，但其实质性观点，把我们带到了莱维和灰色地带，形成了另一个问题。曼佐尼的观点是当人们讨论决疑法时，他们常常混淆两个元素——对表面局势的分析和由此产生的判断。决疑法，尤其是耶稣会的决疑法与道德败坏同时出现，但不能就因此判断道德败坏是其必然结果。西斯蒙第自己也认识到了这一点。在1833年写给"一位论"（Unitarian）神学家威廉·埃勒里·钱宁（William Ellery Channing，1780—1842）的信中，西斯蒙第写道：

> 那些认为道德只集中于几个很快就会被抹去的简单戒律的人，在我看来是非常肤浅的观察者。相反，我们研究得越多，我们看到的领域就越广。一个人可以通过阅读成千上万本天主

1　Sismondi, p. 413ff; Alessandro Manzoni, *A Vindication of Catholic Morality* (London: Keating and Brown, 1836), pp. 61-5.

教会中基于良知案例所写的书来坚定自己的信念。告解室的秘密，最终达成赦免的需要和对神职权力的维护——这些事情肯定会使决疑论者偏离正道，并通过它们的助力，创造出所谓的耶稣会道德。然而，他们在这门崇高的科学上取得了伟大进步，也许在建立基督教道德的体系中，我们受益于他们多于受益于"圣经"。[1]

67

曼佐尼严格的道德观妨碍他得出西斯蒙第这样的结论。然而，在他的小说中，他从道德范畴作出的精妙区分，非但没有降低判断的严重程度，反而使他的判断更趋准确。因此，在莱维援引《约婚夫妇》与"灰色地带"有关的段落中，他考虑由于施虐者使被迫害者产生了心理上的扭曲，因此对施虐者的裁决应该罪上加罪。在"灰色地带"一章结尾前的一小段文字中，莱维默默地再次呼应了《约婚夫妇》中的观点："法西斯主义这种地狱般的秩序施展着可怕的腐蚀人性的力量，个人很难使自己免受侵蚀。它使受迫害者堕落，把他们变成自己的同类，因为它需要大大小小的

1　Ruffini, *La vita religiosa*, VOL. 2, pp. 182-3.

同谋。"[1]

"特遣队"(Sonderkommandos)——被指派管理焚尸场的犹太人——向我们展示了一个极端的例子:"组建这些小队是法西斯主义最邪恶的罪行。"然而,莱维提醒我们:"因此,我要求我们怀着怜悯和严格的态度来思考'焚尸乌鸦'(the crematorium ravens)的故事,但对它们的判断须悬置。"[2]然而,不轻易对那些因经历迫害而变成帮凶者做出裁决,与赦免、宽恕或放弃审判这些人绝不是一回事。"我不使用原谅这个动词,"莱维在接受采访时说,"我不是信徒,若我来使用'我宽恕你'这句话,其意思是不准确的。我不相信任何人,甚至不相信神职人员有束缚和解放别人的权力。"[3]在另一次采访中,他就犹太教而不是天主教的语境说道:"因为我不是信徒,我真的不知道什么是宽恕。这个概念在我的世界之外。我没有行宽恕的权力。如果我是一个拉比,也

68

1　Levi, *Drowned*, p. 68.

2　Levi, *Drowned*, p. 60.

3　Primo Levi, "*The Drowned and the Saved* (1986)", interview by Giorgio Calcagno, in *Voice of Memory*, pp. 109-13; 这里谈的是第109—110页。起初命题和出版为 Primo Levi, "Capire non è perdonare" [Understanding is not Pardoning], *La Stampa* (26 July 1986)。

许我会有这个权力；哪怕我是一个法官，也可能享有此权。"[1]因此，莱维拒绝"**理解一切就是宽恕一切**"（tout comprendre c'est tout pardonner）这句话所暗示的虚假对等关系，他坚决地与这段话的后半部分［**宽恕**］撇清关系，而选择了句中的前半部分［**理解**］。"我想了解你以评判你。"他在致其德语翻译的信中，向他的德国读者讲道。[2]事实上，他想试着理解奥斯威辛何以成为可能，且"在更广泛的意义上理解，因为我想理解别的东西：作为一名化学家，我想理解我周围的世界"。[3]然而，正如我们所看到的，面对奥斯威辛的模糊性，化学及其明确的分类方式无能为力。

这里出现的是一个"犹太裔意大利人"普里莫·莱维的深思，看起来像是他希望参照天主教皈依者亚历山德罗·曼佐尼——而更确切地说，按照矛盾地接近决疑法的曼佐尼——的方式来定义自己。[4]

69

1　Sodi, "An Interview with Primo Levi": 362.

2　Levi, *Opere*, VOL. 2, p. 1129.

3　Levi, "Interview with Giorgio Calcagno", p. 111.

4　Marco Belpoliti, *Primo Levi* (Milan: Mondadori, 1998), pp. 111-14. 可以找到的英译本是 Primo Levi: An Identikit (Clarissa Botsford trans.) (London: Seagull Books, 2022)。

5

我们如何解释这种借鉴、这种关联？我认为答案应该在十字路口寻找，在尚未被充分研究的犹太典籍《塔木德》（Talmud）和基督教决疑法之间寻找。莱维写了一篇题为《仪式与笑声》（"Ritual and Laughter"）的文章，内容是关于著名典籍《法典》（*The Set Table*）所提供的塔木德智慧的简要汇编。《法典》于1565年在威尼斯印制，作者是约瑟夫·本·埃弗拉伊姆·卡罗（Joseph ben Ephraim Karo，1488—1575）。莱维读了该书的译本。他首先以一种饶有兴味的口吻细数着卡罗巧妙地用极其精妙的决疑法分析几种礼仪上的区别，而之后的论说则跃向了普世范畴：

> 在这些奇特的文字背后，我觉察到一种古老的、大胆讨论的味道，一种直面矛盾的智识灵活性，这实际上是在欢迎它们成为生活中必须面对的成分；并且，生活是有规则的，它压制混乱秩序，但规则有缝隙，里面有塞着例外、特许、放纵和混

乱的未探明的暗袋。任何抹除它们的人都会遭遇困境，也许它 70
们包含着我们明天的所有胚芽，因为宇宙的机制是微妙的，微
妙之处正是统治它的法则，而每年亚原子粒子所遵守的规则都
使它们自身看起来越发微妙。爱因斯坦的话经常被引用："上
帝是微妙的，而他不是在恶作剧。"因此在其类似物——那些
跟随他的人——那里也必定是微妙的。注意，在物理学家和
控制论专家中，有许多来自东欧的犹太人：他们**敏锐的灵气**
（esprit de finesse）会不会是塔木德的遗产？[1]

这是一段令人愉快的文字，在这里，我们邂逅了"他［莱维］
机敏的幽默感"。卡尔维诺在回忆他们一起研究《小型宇宙的起
源》时也带着同样的敏锐。然而，这是一种模糊的、虚幻的愉悦。
在赞扬例外是"我们明天的所有胚芽"的背后，我们意识到了决
疑法、**敏锐的灵气**，微妙性——这是普里莫·莱维直面他可怕的
昨天，直面灰色地带的模糊性的工具。

1　Levi, "Ritual and Laughter", *Trades*, pp. 196-200, 尤其是第199—200页。

91

图式与偏见：历史学家
对"双盲实验"的反思[1]

致维托里奥·福阿（Vittorio Foa, 1910—2008）

1

读者的生活充满了惊喜。其中之一——恩斯特·贡布里希（Ernst Gombrich, 1909—2001）的伟大著作《艺术与幻觉》（*Art and Illusion*）中的一段文字——将是我反思的起点。从我在50年

1　我得到了玛利亚·路易莎·卡托尼和拉斐尔·皮乌梅利（Raffaele Piumelli）的建议和帮助。我仍然在感激他们。

前偶然读到这一页的那刻起，我就有了一个深刻的印象，即使在今天，这种印象也以不同的形式伴随着我。

这段文字来自"真实与刻板印象"（Truth and the Stereotype）一章中。图1A是根据1836年英国石版画绘制的版画，画的是沙特尔圣母大教堂（Notre-Dame Cathedral）的西侧立面。图1B是一张表现该教堂同一立面的现代照片。[1]

这张版画和照片之间的差异显而易见。在前者中，有两排尖形的哥特式拱窗；在后者中，则是两排圆弧形的罗马式拱窗。这幅石版画的作者透着浪漫主义的刻板印象，认为这座法国的大教堂是体现哥特式风格的"虔诚时代"的象征——贡布里希评论说，在这位作者的精神世界里，西侧立面没有罗马式窗框的立足之地。[2]

在如今这个修图（photoshop）的时代，每个人都熟知，照片能以所有可能的方式被操纵。让我立即补充一下，可以想见贡布里希对这张照片的客观程度持一种复杂微妙的态度。《艺术与幻觉》开篇就表明，照片在某种程度上也是被建构的图像——贡布

1　图1A现在处于公共领域；图1B与贡布里希的那卷中的画面相似，但不相同。详情请看图片致谢。

2　E. H. Gombrich, *Art and Illusion: A Study in the Psychology of Pictorial Representation* (London: Phaidon Press, 1962 [1960]), p. 63.

图1A　Robert Garland, *Chartres Cathedral* (1836)。版画临摹自一幅石版画B. Winkles, *French Cathedrals* (London, 1837)。

图1B　沙特尔大教堂的今日照片。

里希反复分析了这个问题，非常精妙。[1] 不过，与沙特尔大教堂的照片（**更不用说**与直视大教堂本体的观察）相比可以看出，尽管这位英国石版画家注重提供建筑结构上的精确表现，但他已经歪曲了事实——除非有人能够证明（这是一个完全荒谬的假设），沙特尔大教堂西侧立面的罗马式拱框是1836年后复建的结果。

我们对图像深刻性的了解，大概也就到贡布里希的程度。现在我就他的观点冒险地提出一个推论，即认为这幅19世纪的沙特尔大教堂石版画所牵涉的主、客观性问题，遍布任何形式的证据——视觉的、口头的，无论什么——之中。首先，任何证据都有意无意地讲述了它自身，讲述其被产生出来的方式——在此例中，石版画讲述了浪漫主义的思维定式是如何左右这个石版画画家的。不过，证据也以一种多少刻意的、多少扭曲的方式讲述了外在轮廓的实际情况（在此例子中，是沙特尔大教堂）。这两个维度紧密相关，可以将它们比作一张纸的两面。为了理解一份证词

---

1 Gombrich, *Art and Illusion*, p. 30; E. H. Gombrich, "Standards of Truth: The Arrested Image and the Moving Eye" in W. J. T. Mitchell (ed.), *The Language of Images* (Chicago: University of Chicago Press, 1980), pp. 181–217; E. H. Gombrich, "Image and Code: Limits of Conventionalism in Pictorial Representation" in *The Image and the Eye: Further Studies in the Psychology of Pictorial Representation* (Oxford: Phaidon Press, 1982), pp. 278–97.

关于它所制造的世界可以说些什么，我们应该把它写成一个系列：例如，基于19世纪石版画的系列。[1] 这将使我们能够更进一步探索这份证词与它的指涉维度之间的关系：它所表现或试图表现的现实。

基于一个图像失真的醒目案例——无意中将罗马式拱窗变成哥特式拱窗——进行概括，可能会得出相对主义的结论。如果我们假定所有的证词（包括照片）都含有某种歪曲，那么真假证词之间的界限就会消失，那么贡布里希通过20世纪的沙特尔大教堂的照片提醒读者重视的 "现实原则"（reality principle）也就不可能实现了。W. J. T. 米切尔（W. J. T. Mitchell，1942— ）也对贡布里希的 "现实原则" 诉求提出过类似的反对意见。他主张 "苛刻、严格的相对主义，将知识视为一种社会性的产品"——他坚持一种与 "一些肤浅的、放弃了'真实的标准'或有效知识的可能性的相对主义" 保持距离的态度。[2] 可是，严谨的相对主义者能否确定，在这幅英国的石版画中展示的沙特尔大教堂西侧立面上的哥特式拱窗真的意味着现实被歪曲了吗？

75

1　参见 Stephen Bann, *Parallel Lines: Printmakers, Painters and Photographers in Nineteenth-Century France* (New Haven, CT, and London: Yale University Press, 2001)。

2　W. J. T. Mitchell, *Iconology: Image, Text, Ideology* (Chicago: University of Chicago Press, 1986), pp. 37–9.

这个提问（我说不清这是否一个修辞问题）指向了这番争论的关键：那就是我们赋予"知识""真理""现实"等措辞的意义。贡布里希深刻地意识到他所分析的例子（包括我提到的那个）的普遍性暗示，以至于他在"真实与刻板印象"那一章的题记处使用了康德《纯粹理性批判》（*Critique of Pure Reason*）中关于先验图式（transcendental schematism）的一段话。康德的"图式"（schema）概念（尽管最初是希腊语的）正是贡布里希评论那幅英国石版画的核心：

显然，如果我们向艺术家指出他的错误，他可以进一步矫正他的图式，把窗户改为圆弧拱形……［而］这样的匹配将总是一个渐进的过程——它需要多长时间，以及它有多大难度，这取决于选择怎样的初始模式来适应画像所承担的任务。我相信，在这方面，这些不起眼的文献确实告诉我们很多，即任何艺术家都想要如实地记录个性化的真相。他不是从他的视觉印象开始的，而是从他的想法或概念开始的［……］。[1]

76

1　Gombrich, *Art and Illusion*, p. 63. 关于图式的希腊起源，参见 M. l. Catoni 的内容非常丰富的书：*La comunicazione non verbale nella Grecia antica* (Turin: Bollati Boringhieri, 2008[2005])。

通过他的书，贡布里希要剥去 "无瑕之眼"（innocent eye）的看待方式 ［这可以追溯到罗斯金（John Ruskin，1819—1900）］。他就此展开的论述贯穿《艺术与错觉》全书，颇令人信服。他的论证可能被从狭义上理解，仿佛它只适用于图像，甚或只适用于旨在通过图像错觉来表现现实的图像子集。可是，如果我没有弄错的话，我此前提到的这一情况遍布任何证词——视觉的、口头的、其他的——的观点，也暗含于贡布里希的论证中。让我引用一段话，其中，贡布里希将 "无偏见"（unbiased）一词作为 "无瑕之眼" 的同义词：

> 无偏见目光的假设在要求不可能之物。有生命的有机体要做的事就是将事物组织起来，因为正如谚语所说，在有生命体的地方不仅有希望，还有恐惧、猜测和期待，这些组织事物的行为，都会影响传入信息的分类和模式化处理，使之被调试、转换以及再度调试。[1]

77

"无偏见" "猜测" "调试和再度调试" —— 贡布里希用颇具

1　Gombrich, *Art and Illusion*, p. 251.

科学知识色彩的术语描述了图像的产生。这个比喻的目的不是把科学家变成艺术家，而是相反。这就是为什么米切尔拒绝贡布里希所谓的"科学主义"，倡导前文提及的"严格的相对主义"。他将之（在我看来，如此做法是有问题的）作为费耶阿本德（Feyerabend，1924—1994）名下一个象征性的标签。¹可与米切尔相反的是，贡布里希心目中的英雄是列奥纳多·达·芬奇——一位杰出的艺术家兼科学家。²

贡布里希以呼应波普尔（Karl Popper，1902—1994）的方式提出观点，即通过一系列的试验和犯错，艺术家（或科学家）能够区分图式和偏见、假设和成见，抛弃后者，趋近前者，以表现（或了解）现实。我的问题来了（这是一系列问题中的第一个）：贡布里希以上述反相对主义的视角提出的艺术家和科学家之间的类比，是否也可以扩展到历史学家？

1　Mitchell, *Iconology*, pp. 37-9. 关于自然科学与艺术的类比，费耶阿本德已经提出了，参见 Carlo Ginzburg, *Occhiacci di legno: Nove riflessioni sulla distanza* (Milan: Feltrinelli, 1998), pp. 155-9。

2　参见来自 J. B. Trapp (ed.), *E. H. Gombrich: A Bibliography* (London: Phaidon Press, 2000) 的索引。可是，在 Gombrich, 'Experiment and Experience in the Arts' in *Image and the Eye*, pp. 215-43 [E. H. Gombrich, *L'immagine e l'occhio* (Turin: Einaudi, 1985), pp. 268-9] 中，关于"真命题"（在科学方面）和"心理作用"（在艺术方面）之间的区别，特别是对莱昂纳多的介绍，太草率了。

2

就一般的看法而言，历史学家的研究从基于仔细阅读证据以核证他的假设开始，之后，他的假设被抛弃，或被修改，或被转化成或多或少可靠的（尽管潜在地是可推翻的）结论。可是，这种对看似无瑕疵的历史学家的技艺的描述掩盖了几个难点，首要的困难与 "调试和再次调试" 的阶段有关（正如贡布里希所说）。历史学家的核证与实验能兼容吗？马克·布洛赫在他身后发表的未竟的方法论反思中提出了这个问题，并作了否定回答。对历史学家来说，实验行不通。布洛赫写道："这种不可能性体现了我们的研究在面对大多数自然科学时显露出巨大的、不可弥补的弱点。"[1]

78

这一刺激性声明可以在布洛赫的《历史学家的技艺》（*Métier d'historien*）的初稿中看到。该书的后续版本展开分析了历史学与

1　Marc Bloch, *Apologia della storia o mestiere di storico* (Turin: Einaudi, 1950), p. 201ff.

科学的系统性区别和细微差异。也有其他学科，如历史学那样通过痕迹间接地获得知识。但是，布洛赫评论说："似乎很明显，任何超出最低限度复杂性的人类现象都无法被有意地复制或诱发。"实际上在个体心理学领域可行的实验，在集体心理学领域则不可能有效："不能——即使假设能，也不敢——有意地释放（即出于认知目的）一种恐慌或开展一种基于宗教狂热的运动。"[1]

这句话的意指不止于心理学的范畴。显然，布洛赫也在暗指对经济和社会现象的研究。他与吕西安·费弗尔（Lucien Febvre，1878—1956）于1929年共同创办的《年鉴》（*Annales*）将经济和社会现象置于历史学家争论的中心。

3

布洛赫及其后的无数历史学家指出过进行实验的不可能性，显然为贡布里希（以及在他之前的波普尔）所倡导的调试和再度调

---

1 Marc Bloch, *Apologie pour l'histoire ou Métier d'historien* in *L'Histoire, la Guerre, la Résistance* (Paris: Gallimard, 1986), p. 88; Bloch, *Apologia della storia*, p. 45ff.

试的过程设置了刚性限制。[1] 在最近试图克服这种障碍的做法中，贾雷德·戴蒙德（Jared Diamond，1937— ）和詹姆斯·A. 罗宾逊（James A. Robinson，1960— ）主编的论文集《历史的自然实验》（*Natural Experiments of History*）中的一篇文章值得一提。文章从以下角度探讨旧制度崩溃与资本主义诞生之间的关系：

> 在自然科学中，解决这样的问题的方法是进行实验。例如，我们理想性地选择一组相似的国家——比如说，所有这些国家都处在相对落后的制度状态——并在这些国家中随机选择一个子集（"治疗"组）废除旧制度，而其余国家（"控制"组）的制度保持不变。然后我们可以观察这两个群体相应的繁荣程度。当然，在现实中，我们无法进行这样的实验。[2] 80

---

1 参见例如 Luciano Canfora, *Togliatti e i dilemmi della politica* (Bari: Laterza, 1989), p. 54。

2 参见 James A. Robinson, Daron Acemoglu, Davide Cantoni and Simon Johnson, "From Ancien Régime to Capitalism: The French Revolution as a Natural Experiment" in Jared Diamond and James A. Robinson (eds), *Natural Experiments of History* (Cambridge, MA: Belknap Press of Harvard University Press, 2010), pp. 221-56；此处引用的是第 224—225 页。并参见该书的 "序言"，*Natural Experiments of History*, p. 1: "过去无法被操作。"

这篇文章的作者指出，既然过去无法被操作，必须依靠一种基于比较的"自然实验"——一种布洛赫曾提到的替代方案。

比较是一个迷人的课题，但我不打算讨论这个问题，我宁愿尝试探索一条显然行不通的路径，不是通过一般的"自然科学"路径，而是采用一系列的渐次逼近（successive approximations）的方法。更具体地说，是医药科学中的双盲实验（double-blind experiments）。希望在与双盲实验的功能性对比中，通过其中显现出二者的相似性和不一致性，从一个意想不到的角度清楚地检视历史学家的技艺——无论如何，其合理性是传统上的历史学和医学之间的交流已经证明了的：二者的知识形式都诞生于古希腊，它们共享 historia，即**探询**这个词，并有一系列相互作用。历史学家经常受到基于症状学（semiotic）的认知模式的启发。对异常与规范、个案与一般规则之间关系的持续反思支持着这种认知模式的合理性。[1]

81　　关于双盲实验，可以作如下描述：一组医生、研究人员和护

---

[1] Carlo Ginzburg, "Spie: Radici di un paradigma indiziario" [1979] in *Miti, emblemi, spie: morfologia e storia* (Turin: Einaudi, 1984), pp. 158-209; Arnaldo Momigliano, "History between Medicine and Rhetoric" [1985] in *Ottavo contributo alla storia degli studi clasiici e del mondo antico* (Rome: Edizioni di storia e letteratura, 1987), pp. 13-25.

士被要求给一组病人服用一种药物，这种药物的有效性有待测试，同时有一些病人服用的则是一种安慰剂（placebo），一种惰性产品，它的外观与此前说的药品没有区别。病人并不知晓它们各自的性质，他们被随机发放两种药剂中的一种。安排这些药和记录其有效和无效的医生、研究人员和护士也不知道这些药的性质差别和发给了哪些病人。因此，这场随机控制的试验（RCT）意味着双重盲知，只有一个身涉其中的例外——进行实验的人。[1]

双盲实验的历史漫长而曲折。[2]如同对暗示和自我暗示效应测试的抵制，对药物效果测试的关注最初也是在争论的背景下开始的，即在18世纪末关于催眠术（mesmerism）的辩论，以及一个世纪后关于催眠治疗（hypnosis）的辩论中。最终，这种形式被主流医学所接受。1917年，美国药理学家托拉尔德·索尔曼（Torald Sollmann，1874—1965）在一篇题为《关于治疗之根据的关键测试》（"The Crucial Test of Therapeutic Evidence"）的两页论文中提到他的实验。为了测试药物的有效性，他在实验中安排一些人

1　Anne Harrington (ed.), *The Placebo Effect: An Interdisciplinary Exploration* (Cambridge, MA: Harvard University Press, 2000[1997]).

2　参见 T. J. Kaptchuk, "Intentional Ignorance: A History of Blind Assessment and Placebo Controls in Medicine", *Bulletin of the History of Medicine* 72 (1988): 389-433。

只服用一种惰性产品，也就是安慰剂。他将实验命名为"盲测"

82 （blind test）。[1] 几十年后，人们意识到仅保持病人对所服用药品性质不知情还不够；那些发放药品的人会不经意地传递暗示，影响效果。因此要采用双盲实验；不过，他们不得不克服固有的阻力。长期以来，它的内在意义以及安慰剂效应的限度、性质乃至存在本身引起了许多疑问。在过去的几十年里，由于持续地从神经生物学的视角对安慰剂的效应进行研究，这一争论出现了新的转折。[2]

由于我在这方面的知识相当有限，我只将自己限于提供基本资料。我将暂时地把安慰剂的效应看作一种人类行为某些基本现象的模型（即一种微型的、极其简化的描摹）；此外，我将把双盲实验看作历史学家用以接近或可能接近所研究现象的视角的简化模式

83 （我想强调，这些只是假想，我所做的是一场对实验进行的实验）。

1　Torald Sollmann, "The Crucial Test of Therapeutic Evidence", *Journal of American Medical Association* 69 (1917): 198-9; Arthur K. Shapiro, "A Contribution to a History of the Placebo Effect", *Behavioral Science* 5 (1960): 109-35.

2　Arthur K. Shapiro and Elaine Shapiro, "The Placebo: Is It Much Ado About Nothing?" in Harrington (ed.), *Placebo Effect*, pp. 12-36. 关于更新的参考文献，参见关于 "placebo" 的维基百科（最后打开日期是 2022 年 3 月 11 日）尤其参见 Fabrizio Benedetti et al., "Neurobiological Mechanisms of the Placebo Effect", *The Journal of Neuroscience* (9 November 2005): 10390-402（通过玛利亚·路易莎·卡托尼，该书引起了我的注意）。

这种二重的假设性类比基于四个因素：

（a）双盲实验的对象涵盖不同动物物种的（包括我们自己）个体；

（b）那些个体体验到的情感（恐惧、期望等）可能对实验结果产生影响；

（c）这些情感不仅可以被患者体验到，也可以被参与实验的研究人员体验到；

（d）为了保护实验结果，必须通过保持病人和研究人员对实验所关注的内容都一无所知，使他们的情感中立化。

这一切与历史和历史研究有什么关系？首先，我们必须从安慰剂效应和被称为 "反安慰剂效应"（nocebo effect）的相反现象——也就是分别由希望和恐惧引起的暗示与自我暗示现象（若按一些争议性的假设来看，在某些情况下后者会致人死亡）——中寻找答案。[1]关于揭示暗示和自我暗示如何影响人类行为的屡次思考，其印迹可串联出一条长长的轨迹。在我们的传统中，这种探索始于对伊壁鸠鲁（Epicurus，前341—前270）及其追随者——卢克莱修（Lucretius，约前99—约前55）首当其冲——关于宗教及

1　R. A. Hahn, "The Nocebo Phenomenon: Scope and Foundations" in Harrington (ed.), *Placebo Effect*, pp. 56–76.

84 其心理根源发起的猛烈攻击。**世界上首创神明者乃恐惧**（Primus in orbe deos fecit timor）——佩特罗尼乌斯（Petronius，27—66）的这句箴言有必要与塔西佗（Tacitus，约56—120）的深刻评论——**他们一边创造，一边对他们创造的东西深信不疑**（fingunt simul creduntque）——一同理解。[1] 宗教作为人类的创造物，既源于恐惧又催生恐惧，既源于苦难也缓解苦难。亚瑟·夏皮罗（Arthur Shapiro，1923—1995）和伊莱恩·夏皮罗（Elaine Shapiro，1925—2014）两位专家为广大读者写了一本书，其令人印象深刻的标题掎出了这一漫长的轨迹:《强大的安慰剂：从古代祭司到现代医生》(*The Powerful Placebo: from Ancient Priest to Modern Physician*)。[2]

将宗教与安慰剂或**恐惧**（timebo）的效应等同起来是荒谬的。对宗教起源的任何推测都无法说明它们在诸社会被赋予的形形色色的意义：就像人类历史上总是发生的那样，结果都来自无心插柳。不过，基于双盲实验的小型简化模式会将回溯的聚光灯照向一

---

1 Carlo Ginzburg, *Paura reverenza terrore: Rileggere Hobbes oggi* (Parma: Monte Universita Parma, 2008). [可接触到的英语版是：*Fear Reverence Terror* (London: Seagull Books, 2017.)]。

2 Arthur K. Shapiro and Elaine Shapiro, *The Powerful Placebo: From Ancient Priest to Modern Physician* (baltimore: Johns Hopkins university press, 1997).

种批判性的传统，这个传统以对宗教心理根源的激烈祛魅为基础，同时充分认识到其非凡的影响力。在霍加斯（William Hogarth，1697—1764）题为《月球的一些主要居民：王室、主教和法律》（*Some Principal Inhabitants of the Moon: Royalty, Episcopacy and Law*，1724）的蚀刻画中，体现和演示了教会与世俗权力是何以维系的。画中表现其逻辑不是 "尽管它们是空架子，但却能掌握权力"，而是 "因为它们是空架子，所以才能掌握权力"（见图2）。戈亚（Goya，1746—1828）可能直接或间接地受到了霍加斯的蚀刻画的启发。在他的画作《突现奇想》（*Caprichos*）中，戈雅表现了一个女人，跪在由披着长袍的树形成的僧侣脚前（见图3）。在预备图中，衣服里面的脸被擦掉了（见图4）；在正式的蚀刻画中，人形上浮现出一副邪恶的鬼脸。在这两个版本中，长袍都是空的。画中写着一行警句："裁缝的本事可真大！" [1]

85

---

1 参见 Francis D. Klingender, *Goya in the Democratic Tradition* (New York: Sidgwick & Jackson, 1968[1948]), pp. 96-7. on p. 97n1, 克林根德（Klingender，1907—1955）强调戈雅的画和1765年出现在伦敦的一本小册子的标题页的图像学相似：*Mumbo Chumbo: A Tale Written in the Antient Manner, Recommended to Modern Devotees*. on p. 178, 克林根德在另一个语境中提到了霍加斯的画（他给出了加工版）。参见 Richard C. Trexler, "Dressing and Undressing Images: An Analytic Sketch" in *Religion in Social Context in Europe and America, 1200-1700* (Tempe: Arizona Center for Medieval and Renaissance Studies, 2002), pp. 374-408。

86   图2　William Hogarth, *Some Principal Inhabitants of the Moon: Royalty, Episcopacy and Law* (1724)

图3　Francisco de Goya, *Caprichos No. 52: 'Lo que puede un Sastre!'*

图4　Francisco de Goya 为 *Caprichos No. 52* 绘制的预备图　87

111

4

　　到目前为止，我一直在讨论安慰剂效应及其历史性内涵，双盲实验要求弱化安慰剂对实验效果的影响，这可能与另一个领域——历史研究——有关。我们的关注点从**发生过的事件**（res gestae），转向了**对事件的历史记述**（historia rerum gestarum）。做如下类比会很诱人，即医生和患者对药效满怀的期待，类似于英国石版画所体现的偏见或浪漫化倾向。前者的意向因实验指挥者使之蒙在鼓里的策略，并不影响实验结果的评估；后者经过贡布里希的分析，沙特尔大教堂西立面的罗马式拱窗被偏执地改成哥特式拱窗的事实没能瞒天过海。可是，一处关键的不一致在这番类比中立即显现。在双盲实验中，医生和病人所怀的期待必须被分析——但它只是作为一种干扰被分析，相当于必须尽可能被消减的背景杂音。而正如我们将看到的，如果说历史学家工作的出发点是关注证据如何被检验，那么事情就会完全不同。我将从一个限定的视角来探讨这个问题，这番探讨指向布洛赫宣布永远关闭的方向——在历史学领域进行实验。

88

5

在《法律与理性：从理论角度谈公民自由的保障》(*Diritto e ragione: Teoria del garantismo penale*) 一书中，路易吉·费拉乔利 (Luigi Ferrajoli, 1940—) 写道：

在某种意义上，审判就是 "历史学实验"(historiographic experiment) 得天独厚的案例：证人被要求**活生生地** (act de vivo) 演示，因为他们不仅直接被传讯，还被比较，接受质证，并被要求像心理剧 (psychodrama) 一样重演作为审判中心的事件。[1]

1　Luigi Ferrajoli, *Diritto e ragione: Teoria del garantismo penale* (Bari: Laterza, 1989), p. 32: "Il processo è per così dire il solo caso di 'esperimento storiografico': in esso le fonti sono fatte giocare de vivo, non solo perché sono assunte direttamente, ma anche perché sono messe a confronto tra loro, sottoposte ad esami incrociati e sol-lecitate a riprodurre, come in uno psicodramma, la vicenda giudicata." 我在我的 *Il giudice e lo storico* (Turin: Einaudi, 1991), p. 14 处引用过这段话。

89 　　近两个世纪前，沃尔尼（Constantin Volney，1757—1820）在大革命的第三年向师专的学生们发表讲话时，宣布：

　　历史不过是对事实的真诚探究［enquête，也就是 historia］。意识到自身任务的历史学家必须把自己看作一个法官，传唤那些叙述或目击了事实的人，让他们接受质证，审问他们，试图找到真相。[1]

　　历史学家和法官之间的类比古已有之，但费拉乔利通过将其与实验联系起来，使之被摆弄出一种新意。作为一名法学家，他谈及了审判的形成过程。历史学家可以研究几个世纪前制作的法庭记录。在那些案例中，如果我们对费拉乔利的意见进行发挥，就可

1　"l'histoire n'est qu'une véritable enquête de faits. l'historien qui a le sentiment de ses devoirs dois se regarder comme un juge qui appelle devant lui les narrateurs et les témoins des faits, les confronte, les questionne et tâche d'arriver à la vérité" —Constantin-Francois de Chasseboeuf Volney, *Leçons d'histoire prononcées à l'École nor-male, en l'an III de la République française* (Paris: J.A. Brosson, 1826[1799])。我衷心感谢 Tami Sarfatti，我在此的引用得益于他，并参见 Marc Bloch, "pour une histoire comparée des sociétés européennes" in *Mélanges historiques* (Charles-Edmond Perrin ed.) (Paris: Service d'Edition et de Vente des Publications de l'Education, 1963), pp. 16-40。(Bloch, *L'Histoire, la Guerre, la Résistance*, p. 354: "ce perpétuel juge d'instruction qu'est l'historien. ")

以讨论进行一场"升级到二次方的历史学实验"（"historiographic experiment raised to the square"）：证词被法官要求当场**活生生地**演示；此后，它们将被历史学家作为与过去有关的痕迹进行再度审查。就像在中国套盒（Chinese boxes）里一样，后者的实验包含着前者。

为了分析这种历史学实验，我将集中讨论我特别熟悉的罗马宗教法庭在16和17世纪进行的一些审判。这些审判是秘密进行的。审讯保密，程序保密。被告不知道对他们提出指控的来由。在特殊情况下，即便被告可以有一名能够接触到审讯卷宗的律师辅助受审，原告的姓名也是用首字母隐去的。只有法官（宗教裁判官或他的代理人）才能完全控制审判的发展，并能够安排他的"历史学实验"的构成要素。其他参与者（被告、证人）对法庭上发生的事情了解非常有限——所以说，他们是被蒙在鼓里行事的。宗教裁判官身处盲区之外，在审讯中验证他的假设——他的偏见（尽管在这个情境下，最初的假设有时也会被推翻）。几个世纪后，这些庭审记录被一位从假设、道听途说和偏见（这不可避免）起步的历史学家阅读和分析，而他的立场已与过去宗教裁判官、被告和证人的立场大不相同。

一个具体的例子将有望清楚呈现在"升级到二次方的历史学实验"和双盲实验之间进行类比的内在意义。许多年前,在乌迪内教会档案中,我偶然看到了发生在16世纪末至17世纪末的近50次审判,篇幅长短不一。我在我的第一本书——《本南丹蒂》(*I benandanti*, 1966),英译本为《夜间的战斗》(*The night Battles*)——中分析了它们。被告有男有女,通常是农民,他们告诉审判官,他们生来就穿着"衣衫",即包裹着一层胎膜。因此,他们成了"本南丹蒂"(benandanti,字面意思是"行善的人"),每年有三四次非自主地"以魂魄的形式"离开身体,拿着茴香秆与拿着高粱秆作为武器的女巫和男巫进行打斗,为的是庄稼的丰收。这些闻所未闻的故事,充满了非凡的细节。一方面,裁判所法官试图说服本南丹蒂承认他们是女巫和男巫,也就是本南丹蒂声称的敌人;另一方面,裁判所法官试图说服他们承认,他们"以魂魄的形式"参加的夜间的战斗,完全是女巫的夜间集会。最初,本南丹蒂拒绝宗教裁判官的拐弯抹角的暗示;不过后来,经过持续了半个世纪的交锋,尽管百般抵触,他们最终将强加给他们的恶魔形象内化为自身的特征。宗教裁判官和本南丹蒂之间的文化鸿沟被以暴力的方式抹平了,尽管只是部分地抹平——在弗留里的审判中，使用暴力大多是象征性的。

试图解释那些文件的历史学家（在这个案例中，就是我本人）比参与审判的当事人——宗教裁判官、证人、本南丹蒂——知道得更多，同时也知道得更少。宗教裁判所的智识范畴看起来很遥远，本南丹蒂的智识范畴甚至更远。不过，无论是在智识上还是在时间上，有疏离都并不必然是一种障碍。它可以将自己转化为一种有利条件——批判性的疏离。正如俗话所说，历史学家试图以透视法的方式看待过去。[1] 他会尽可能地避免E. P. 汤普森（E. P. Thompson，1924—1993）称之为 "极大的后来者傲慢"（the enormous condescension of posterity）。[2] 除了当事人似乎在审判的舞台上盲目地沉浸于自己生活的有限视角中，当下之人从未来的角度（也是带着值得怀疑的后见之明的优势）审视他们，也必然看起来是盲目的。

历史学家进行升级到二次方的史学实验目的何在？为什么他或她要看证据？检验事实的真实性，与检验药物的有效性一样吗？一

92

1　Ginzburg, 'Distanza e prospettiva: due metafore' in *Occhiacci di legno*, pp. 171–93.

2　E. P. Thompson, *The Making of the English Working Class* (Harmondsworth: Penguin Books, 1968), p. 13.

样，也不一样。当然，审判的过程必定要细致地重建，但历史学家会特别关注那些背景性杂音——本南丹蒂、证人、法官所怀有的希望、期待和恐惧，还有他们在审判中如何影响彼此。安慰剂占据了前景。就像格式塔心理学家（Gestalt psychologists）使用的那些图像中的一幅，实心图案与空白图案之间、前景与背景之间的关系，都被颠倒了：我们面对的是一幅以形式倒置方式复现双盲实验的景象。

93

6

正如我所预见的那样，在双盲实验和历史研究之间进行假设性和临时性的比较，并不是为了找到二者的相似性——不一致也是有价值的。出于多重原因，我正在谈论的文献特别适合通过一种对比分析的工具进行研究。它们当然是反常的，但反常之处会有助于破解标准状态中的玄机，因为它们必然包含着标准（反过来则不是）。

审判本南丹蒂所揭开的事件不仅难以定性，受限于条件，对于身处局外的观察者而言，连审判的内情也难以触及——在胎膜中出生的人在昏睡或昏厥期间，灵魂离开僵直的身体，参加夜间的战斗。那些不为人知的，本南丹蒂试图转述的经历，经由宗教裁判所那些通常有失充分和完整的笔录，来到我们面前。在某些情况下，司法者将本南丹蒂的叙述从弗留里方言翻译成意大利语。正如布洛赫所指出的，历史学家不可避免地要依赖于痕迹，而在这种情况下，这种局限性看起来尤为凸显。分析所依据的痕迹是（a）二手或三手的间接痕迹；（b）通过一种被限制的、不可检验的事件产生的痕迹，因为它来自不可接近的私人领域；（c）被宗教裁判所审判歪曲的——绝不应该忘记这一点，有时是受到身体压力（即酷刑）的支配，且总是受到象征性暴力的支配。这些都是间接的、不可检验的、歪曲的实验数据（data）——而根据 data 这个词的拉丁词源，这些资料属于人为**给定的**（given），而不是像双盲实验那样通过系统机制的作用自行生成的。在双盲实验中，一切都在一开始就是随机发放药物和安慰剂的情况下得出的。总结起来：升级到二次方的历史学实验和双盲实验目的相同，都是要获得一种被证实的真相——一种从科学上证实的真理。不过它们数据产生的轨迹各有不同。

为什么不同？因为那些实施双盲实验的人取得合理数据的方式

94

是要压制病人、医生、护士那些其他人的感情因素对数据产生影响。相反，历史学家追求的合理性，在于尽可能认真地把握当事人的情感，继而把它们转化为分析的对象。本南丹蒂审判记录的字句之间都透着这些情绪。"我浑身是汗，因为精神压力大，我不停地出汗。"本南丹蒂米凯莱·索佩（Michele Soppe）告诉试图让他承认参加了巫师集会的宗教裁判官（在犹豫了很久之后，米凯莱认罪了；1650年，在审讯结束一年后，他死在了监狱里）。[1]

显然，这些参加夜间集会的经历对本南丹蒂来说是一种深为95 强烈的体验。我们如何谈论他们——如何给他们贴标签？在这里，我们面临着一个困难，这正是历史学家技艺的要点：历史学家的习惯用语和当事人的习惯用语之间的关系。[2]大多数男性的和女性的本南丹蒂说他们"以魂魄的形式"去参加他们的集会；但在

1　Carlo Ginzburg, *I benandanti: Ricerche sulla stregoneria e sui culti agrari tra Cinquecento e Seicento* (Turin: Einaudi, 1966), pp. 125-41。特别是第141页[英文版：Carlo Ginzburg, *The Night Battles: Witchcraft and Agrarian Cults in the Sixteenth and Seventeenth Centuries* (John and Ann Tedeschi trans) (London: Routledge and Kegan Paul, 1983), p. 131]。也参见Dario Visintin, *Michele Soppe benandante* (Santa Maria la Longa (Udine)-Montereale Valcellina (Pordenone): Circolo Culturale Menocchio, 2009)。

2　关于这个主题，参见Carlo Ginzburg, "our Words, and theirs: reflections on the Historian's Craft, Today", *Cromohs: Cyber Review of Modern Historiography* 18 (March 2014): 97-114。

1606年，帕尔马诺瓦的加斯帕罗（Gasparo of Palmanova）宣称："实际上在我看来，我作为本南丹蒂跑出去真像是在做梦。"[1]我们大可以使用像"梦"这样的词来解释本南丹蒂的经历（过去的某人就是这么做的）——但我们不得不指出，本南丹蒂的心醉神迷的体验被固化在一种文化模式中，这种文化模式留给个体多样性的空间非常狭窄。[2]由于"梦"这个词对我们来说意味着不同的东西，它可能会弱化或掩盖我们和他们之间存在的疏离。

这些术语上的困难（关于它们的讨论会延续很久）在双盲实验的框架中完全不存在。正如我之前提到的，那些实验通常使用与我们不同物种的动物；它们也被要求必须随机地控制发放待测药物和安慰剂。当我从一位生物学家那里得到这个信息时，我问这是为什么。他回答说："以防万一。"然后他补充说，药物可能会在属于任何动物物种的个体身上引起不可预见的身体反应，而产

96

---

1 Ginzburg, *I benandanti*, p. 93 (*The Night Battles*, p. 83). 梅尼基诺·德拉·诺塔（Menichino della Nota）的话（1591年）的可信度更加令人生疑，因为这些话与摆脱宗教裁判官的指控的尝试有关联（最后失败了）："我的一个叔叔，名叫奥利沃·德拉·诺塔（Olivo della Notta），已经死了，他曾告诉我，我出生时覆着一层胎膜，尽管我从来没有胎膜，在一次梦中，我像梦游一样去了树林，走过草场和田野去喂养动物，并为它们披上荆棘。"（Ginzburg, *I benandanti*, p. 84）。

2 Peter Burke, 'Histoire sociale des rêves', *Annales ESC* 28 (1973): 329-42.

生反应的动物也必须被安排服用一次安慰剂。[1] 在反思这一交流时，我意识到，期待、恐惧和希望是动物的共同反应，与自然和文化之间的界限无关。

史学研究与双盲实验的不一致性必定在他处。参与双盲实验的病人、医生或护士所使用的人类语言与实验的目的完全无关。相反，证据中使用的语言对历史学家来说绝对至关重要，即使是无声的证词，即必须通过文字描述来解读的图像或物件。历史学家的研究仰赖一种日常的语言，而大多数证据使用的同样是这种日常语言。根据布洛赫的说法，考虑到认知的观察立场不同，这种都使用日常语言的表面连贯性绝对是负面的：“化学［优于历史］的最大优势在于，它对待的是本质上不会自主地描述其自身的那种现实。”[2] 布洛赫的讽刺透露出一个不容易解决的问题。来自过去的证据使我们面对着一种内涵持续变化的术语，与通常关于自然科学严格规范的术语大不相同。历史学术语的动态属性与其论证的严谨性是否相容？历史学的假说能否接受客观的检验，从而区分真伪？

97

1　也参见 Harrington, *The Placebo Effect*, pp. 5–6。

2　Bloch, *Apologie pour l'histoirem:* 'C'est que la chimie avait le grand avantage de s'adresser à des réalités incapables, par nature, de se nommer elles-mêmes.'

7

对这些问题的回答将不可避免地从经常提到的法官与历史学家之间的类比开始。埃里克·霍布斯鲍姆（Eric Hobsbawm，1917—2012）用强烈的论战口吻对之重新演绎：

> 法庭的程序坚持证据至上，历史研究者也如此，而且往往以同样的方式。这证明历史事实和错谬之间的区别不是意识形态上的［……］。当一个无辜的人因谋杀而受审，希望证明他［或她］的清白时，所需要的不是"后现代"理论家的技巧，而是老派历史学家的技巧。[1]

98

---

1 Eric J. Hobsbawm, 'Identity History is not Enough' in *On History* (New York: New Press, 1997), p. 272 [Eric J. Hobsbawm, *De Historia* (Milan: Rizzoli, 1997), pp. 212-3；这个译本与原版略有不同]。引自 Dipesh Chakrabarty, *Provincializing Europe: Postcolonial Thought and Historical Difference* (Princeton, NJ: Princeton University Press, 2000), p. 107。关于证据概念的质疑，在 Chakrabarty, *Provincializing Europe*, pp. 102-06处提出，这番质疑在 Natalie Zemon Davis, La passione della storia: Un dialogo con Denis Crouzet (Angiolina Arru and Sofia Boesch Gajano eds) (Rome: Viella, 2007), pp. 82-3那里遇到批评（我也持批评态度）。至于一个（转下页）

根据引用过这段文字的迪佩什·查克拉巴蒂（Dipesh Chakrabarty，1948—　）的说法，霍布斯鲍姆"无意中证明了历史学与法律和其他统治工具密切相关"。此评论存在双重谬误。认为霍布斯鲍姆不知道历史和法律之间古老而众所周知的联系毫无道理；同样没有道理的是查克拉巴蒂紧接着提出的看法，即认为历史学与法律等统治工具的关联意味着，要书写"少数群体的历史"就要抛弃传统的证明方法[1]（根据这种逻辑，书写"少数群体史"的想法应该被弃之不顾，因为几千年来，写作一直与统治工具密切关联）。瓦尔特·本雅明（Walter Benjamin，1892—1940）的一句话，经常被作为一句口头禅引用——"逆着纹理摩挲历史"（rub history against the grain）。它意味着，重要的是不仅应阅读历史证词，而且要看向那些制造它们的人的意图。[2]我前面提到的升级到二次方的历史学实验，即通过分析宗教裁判所的审讯努力拯

（接上页）缓和的回应，参见 Dipesh Chakrabarty, 'The Politics and Possibility of Historical Knowledge: Continuing the Conversation', *Postcolonial Studies* 14 (2011): 243-50；特别是第247—248页。

1　"这就是为什么霍布斯鲍姆会认为少数群体的历史也必须符合'好历史'（'good history'）的规矩"，查克拉巴蒂说，参见 *Provincializing Europe*, p. 107。查克拉巴蒂没有意识到霍布斯鲍姆在讽刺的意义上使用"好历史"这个表述。

2　Carlo Ginzburg, *Il filo e le tracce: Vero falso finto* (Milan: Feltrinelli, 2006), pp.9-10.

救受迫害的少数群体的声音，正是以这种视角布置的。有些宗教裁判官（那些远在过去的实验者）无法控制的因素，在今天可能会开启一种与他们的理解不同的可能性。

99

8

有段时间，为了向阿纳尔多·莫米格利亚诺的著名文章《医学与修辞之间的历史学》（"History between Medicine and Rhetoric"）致敬，我很想把这些思考放在一个诸如"医学与法律之间的历史学"之类的标题之下；不过，我不想让自己显得冒昧。长期以来，双盲实验令我着迷之处，在于其同时具备对证据的关注（历史学家和法官共有的意识），以及一种敏锐且更为难得的警觉，也就是意识到那些参与研究的人可能会通过投射期待和偏见，遵循着假设和刻板印象，不经意地扭曲结果。必须对分析工具进行消毒，这是我多年来一直在重申的，但是首要须消毒的工具当然是研究人员自己。这种自我管控的困难过程具象化地体现在双盲实验中两类参与者的关系切割：那些清楚一切的实验指挥者和那些蒙在鼓里的实验执行者（医生、护士等）。稍后我会再谈这种不对等的设置及其内涵。在此，我想再次强调，实验的积极结果，取决于它在毫不被知晓的情况下进行——也就是取决于绝不能知道存在药物和安慰剂的区分。否则，数据将被污染，实验就会失败。

数据污染的噩梦将为那些仅对处理传播性文本的学科有模糊了解的人敲响警钟。保罗·马斯（Paul Maas，1880—1964）的《文本批评》（*Textkritik*）第二版（1949年）的结语经常被引用，"尚未发现能克服污染的特效药"。这本薄薄的书以简洁的几何式优雅，突出地展示了基于文本的语文学（philology）的技术性特质。[1]可是，这一看似晦涩的学科，其内蕴的启示穿插在我们日常生活中的每时每刻。我们无休止地使用复制出的文本，这些文本以各种形式对漫长历史轨迹的各个阶段进行概括：从手写转录到印刷，再到电子剪切和粘贴。马斯的书在生物学和文本批评之间制造了一系列隐喻性的循环交互，以及其他的类似对应交互关系——手

1　Paul Maas, *Critica del testo* (Nello Martinelli trans.; Giorgio Pasquali pref.) （"A Retrospective Look 1956" and a note by L. Canfora) (Firenze: La Monnier, 1990)。引用的文字在第62页；参见帕斯夸利（Pasquali）在第8—9页的评论，它使人想起那句从字面上的翻译："尚没有能克服污染的草长出来。"马斯的作品仍是相关思考的本质基点：参见Toberto Angelini, 'Fenomenologia della copia', *Studi medievalis* 3(51) (2010): 329 -47。

稿的 "家族关系" 或 "谱系树"，DNA 的 "复制" 或 "复本" ——
揭示了一个关于我们所属文化的深刻主题。[1]

保罗·马斯制定了一套分析抄本衍生脉系的理想模式。这个模
式包含两个方面的设定：其一，文本在传抄时不可被污染，即抄写
者对比其他抄本进行了校勘；其二，它设定所有抄写者都必然犯错
误。[2] 若是抄写者在抄写时加入了自己的推断（也未标明），即便恰
当，也会一并视之为一种污染，因为这会搅乱**抄本族谱**（stemma
codicum，即描述不同抄本或不同抄本团队之间关系的书谱）的不
掺杂人为干预的重建，这种无干扰的抄本差异关系的重建也正是马
斯的目标。[3] 换句话说，在马斯的模式中，语文学家被规定可以尝
试性地基于推测 [显然不是无端的，而是基于对作者的风格或笔触
（usus scribendi）的了解] 校正已损坏的抄本的段落；抄写者则被
完全限制仅能做抄写。[4] 马斯将抄写者们出现的各种不可避免的错误
分门别类，这些标注的分类已经成为标准语文学的古语辞系表的组

101

---

1 参见 Carlo Ginzburg, 'Family Resemblances and Family Trees: Two Cognitive Metaphors',
Critical Inquiry 30 (Spring 2004): 537-56。我正在写作的一本书与这个主题相关。

2 Maas, *Critica del testo*, p. 4, paragraph 6.

3 Maas, *Critica del testo*, p. 12, paragraph 12.

4 Maas, *Critica del testo*, pp. 21-3, paragraph 18.

成部分。而这些错误也为手稿的家族谱系关系的重建铺平了道路，是对手稿的原始版本进行推测性重建的初始步骤。

9

研究抄本的语文学家研究抄写者的错误，而抄写者就是潜在语文学家，他的行为却被视为一种干扰。在马斯透辟的议论文中出现的模式，势必使人想起双盲实验——这番实验的目的是重建过去。乔治·帕斯夸利（Giorgio Pasquali，1885—1952）提出了一种完全不同的视角，这个视角首先出现在他关于马斯的《文本批评》的评论（是其所评论的这本书的两倍篇幅）中，继而出现在他的伟大著作《抄本的传续史与文本批评》（*Storia della tradizione e critica del testo*，1934年、1952年）中。第二版收录了马斯的一篇作者进行过扩展、帕斯夸利亲自翻译的文章——这一细节证明两位学者相互尊重。他们在取向上的巨大分歧一开篇就显露无遗。帕斯夸利在他的书的首页就强调了他与马斯的疏离："若要将一套遵循逻辑的，因而是抽象的规范，变成一种以历史为基础的方法，

102

就不应该压制细节。"基于仔细分析大量的案例，帕斯夸利表明，马斯从他的假设中排除的污染，即在不同手稿之间对照，是自古以来的常见做法。抄写者（更准确地说是古代的编撰者）对不同的抄本进行比较，做出推测，阐释艰深的段落。因此，帕斯夸利得出结论：对手稿证词进行细致探询——换句话说，手抄本传续的历史（the history of the manuscript tradition）——是文本批评必要的初步阶段。这两个阶段之间的密切联系从帕斯夸利的书中显现出来，书名就说明了这一点。[1]

这种对帕斯夸利和马斯之间分歧的简短且绝对不充分的表现，似乎与我思考的主题无关——但只是表面上无关。事实上，这种分歧指向了本文开篇的例子：贡布里希将19世纪描绘沙特尔大教堂西侧立面的石版画和同一立面的照片进行比较。你会记得，从抄写者（石版画画家）的无意间的歪曲——罗马式窗框变成哥特式窗框——开始，我把贡布里希的例子的内在意义扩展到看待所有证词：为了评估证词的参考价值，我们必须首先分析证词关于

---

1 阿塞尼奥·弗鲁戈尼（Arsenio Frugoni，1914—1970），他参加过帕斯夸利的比萨研讨会。弗鲁戈尼通过一种独创的方式对这种观点进行重新阐释，传递了对帕斯夸利的学说的一种生动呼应（我只是现在才明白）。

103 其自身说了什么，尤其是无意间说了什么。正如你所看到的，我的论点是对帕斯夸利的观点——手抄本传续的历史是文本批评的必要前提——的一种释义和普遍化。

帕斯夸利的书虽然在各国古典语文学家中广为流传，但从未被翻译过。幸运的是，塞巴斯蒂亚诺·廷帕纳罗（Sebastiano Timpanaro，1923—2000）的《拉赫曼方法的起源》（*The Genesis of Lachmann's Method*）被翻译出来。他是一位非常有独创性的学者，曾是帕斯夸利的学生，并发展和更新了他的书。[1] 在廷帕纳罗对马斯《文本批评》的严厉且偶尔有失公允的批评中，除了对帕斯夸利的观点的深思熟虑的辩护之外，我更多地看到了字面背后争权夺利的意味。[2] 廷帕纳罗是一个左翼激进分子，他完全不赞同

---

1 Sebastiano Timpanaro, *La genesi del metodo del Lachmann* (Elio Montanari intro.) (Firenze: Le Monnier 2003[1963])。并参见 G. W. 莫斯特（G. W. Most，1952— ）关于他所翻译和编辑的美国版本的重要引言：Glenn W. Most, Editor's introduction to Sebastiano Timpanaro, *The Genesis of Lachmann's Method* (Glenn W. Most trans., ed. and intro.) (Chicago: University of Chicago Press, 2005), pp. 1-33。我没见到德文译本：Sebastiano Timpanaro, *Die Entstehung der Lachmannschen Methode* (Dieter Irmer trans.) (Hamburg: Buske Verlag, 1971)。

2 参见 Timpanaro, *La Genesi*, p. 164（附录 a）（关于马斯）参见廷帕纳罗关于这些主题的美好著作：Sebastiano Timpanaro, *Il lapsus freudiano: Psicoanalisi e filologia testuale* (Firenze: La Nuova Italia, 1975)。关于作为一种政治隐喻的双盲问题，我要提及 Carlo Ginzburg and Vittorio Foa, *Un dialogo* (Milan: Feltrinelli, 2003), pp. 130-2。

这样一种认识模式，即否认抄写者具有智识自主性，认为自主性只能属于语文学家的模式。这种模式割裂了语文学的抄本研究和使之成为可能的抄本传续研究的关系。

104

10

双盲实验在伦理意义上遭到批评。正如已经争论的那样，这些实验违反了医患关系赖以维系的信任契约。但是，如果我没有弄错的话，出于认知目的而试图控制或压制特定数据，正是科学实验理念的一部分：必须捍卫这种理念，抵制几十年来影响（或感染）人文和社会科学的怀疑主义。它大行其道，实则肤浅。实验中潜在的认知和权力分配上的不平衡大概是不可避免的。如果我没有弄错的话，更容易受到批评的，是那些指挥双盲实验的人默默地且不容动摇地将他们自己归于科学地位。

今天，很少有人会相信历史是生活的老师。不过，历史不断教导我们要有极限感。任何个人——无论是诗人、学者还是政治家——活动的视野内都不可避免地含有一个不受控制的点——一个盲点。[1]基于双盲实验的模式并不将这种盲点视作理所应当。不过，经验告诉我们，一项实验——任何实验——总是可以出于不同的追问重新开始。研究是无止境的。

1　在 Carlo Ginzburg, "Dante's blind spot (Inferno XVI–XVII)" in Sara Fortuna et al. (eds), *Dante's Pluringualism: Authority, Knowledge, Subjectivity* (London: Routledge, 2010), pp. 149-63 中，我调查了一项测试案例。

参考文献

文明与野蛮

AQUINAS, Thomas. *Commentaria in libros octo Politicorum Aristotelis*. Rome, 1492[*c*.1272].

——. *In libros Politicorum Aristotelis expositio* (Raimondo Spiazzi ed.). Turin: Marietti, 1951[*c*.1272].

ARISTOTLE. *Politics* (H. Rackham trans.). Cambridge: Harvard University Press, 1959[*c*.325 BCE].

——. *De interpretatione* (Boethius trans.). Berlin: De Gruyter, 2014.

BACCELLI, Luca. "Guerra e diritti: Vitoria, Las Casas e la conquista dell'America". *Quaderni fiorentini per la storia del pensiero giuridico moderno* 37 (2008): 67–101.

BENVENISTE, Émile. *Noms d'agent et noms d'action en indo-européen*. Paris: Adrien-Maisonneuve, 1948.

——. *Le vocabulaire des institutions indo-européennes*, VOL. 1. Paris: Minuit, 1969.

GINZBURG, Carlo. *Wooden Eyes: Nine Reflections on Distance*. New York: Columbia University Press, 2001.

——. "Lost in Translation: Us and Them". *Hermitage* 2 (2006): 20–2.

——. "le forbici di Warburg" in Maria Luisa Catoni, Carlo Ginzburg, Luca Giuliani and Salvatore Settis, *Tre figure: Achille, Meleagro, Cristo*. Milan:

Feltrinelli, 2013, pp. 109-32.

——. "Intricate Readings: Machiavelli, Aristotle, Thomas Aquinas". *Journal of the Warburg and Courtauld Institutes* 78 (2015): 157-72.

——. "Casuistry, For and Against: Pascal's *Provinciales* and Their Aftermath". Tanner Lectures, 2014-15.

HERODOTUS. *Herodotus,* VOL. 2 (Alfred Denis Godley trans.). Cambridge, MA: Harvard University Press, 1982[*c*. 425 BCE].

HUMPHREYS, Sally. "Law, Custom and Culture in Herodotus". *Arethusa* 20 (1987): 211-20.

LAROCHE, Emmanuel. *Histoire de la racine 'Nem' en grec ancien: nemo, nemesis, nomos, nomizo.* Paris: Klincksieck, 1949.

LAS CASAS, Bartolomé de. *Apologia* in Juan Ginés de Sepúlveda and Bartolomé de Las Casas, *Apologia* (Angel losada ed. and trans.). Madrid: Editora Nacional, 1975[1551].

——. *Obras completes, Volume 10: Tratados de 1552* (Ramón Hernández and Lorenzo Galmés eds). Madrid: Alianza, 1992[1552].

LLOYD, Geoffrey Ernest Richard. *Polarity and Analogy: Two Types of Argumentation in Early Greek Thought.* Cambridge: Cambridge University Press, 1966.

MACHIAVELLI, Niccolò. *The Prince* (Harvey C. Mansfield trans.). Chicago: University of Chicago Press, 1998[1513].

MARTIN, Conor. "The Vulgate Text of Aquinas's Commentary on Aristotle's *Politics*". *Dominican Studies* 5 (1952): 35-64.

MOMIGLIANO, Arnaldo. "The Fault of the Greeks" in *Sesto contributo alla storia degli studi classici e del mondo antico,* VOL. 2. Rome: Ed. di Storia e Letteratura, 1980, pp. 509-24.

The New Jerusalem Bible (Henry Wansbrough ed.). New York: Doubleday, 1985.

NIPPEL, Wilfried. "La costruzione dell' 'altro' " in Salvatore Settis (ed.), *I Greci: Storia, cultura, arte, società, Volume 1: Noi e i Greci.* Turin: Einaudi, 1996, pp. 165-96.

PAGDEN, Anthony. *The Fall of Natural Man: The American Indian and the Origins of Comparative Ethnology*. Cambridge: Cambridge University Press, 1986.

PLATO. *The Statesman* (Harold N. Fowler trans.). Cambridge, MA: Harvard University Press, 1975[*c*.350 BCE].

ROBINSON, Thomas M. *Contrasting Arguments: An Edition of the* Dissoi logoi. New York: Arno Press, 1979.

SEPÚLVEDA, Juan Ginés de. *Apologia Joannis Genesii Sepulvedae pro libro de iustis belli causis* in Juan Ginés de Sepúlveda and Bartolomé de Las Casas, *Apologia* (Angel Losada ed. and trans.). Madrid: Editora Nacional, 1975[1550].

———. *Democrate secondo ovvero sulle giuste cause di guerra* (Domenico Taranto ed.). Macerata: Quodlibet, 2009[1544].

TODOROV, Tzvetan. *La Conquête de l'Amérique*. Paris: Seuil, 1982.

TUCK, Richard. *The Rights of War and Peace: Political Thought and the International Order from Grotius to Kant*. Oxford: Oxford University Press, 1999.

UNTERSTEINER, Mario. *I sofisti: testimonianze e frammenti*, VOL. 2. Milan: Mondadori, 1967.

VASOLI, Cesare. "Leonardo Bruni" in *Dizionario biografico degli italiani*, VOL. 14. Rome: Istituto della Enciclopedia Italiana, 1972, pp. 618-33.

野兽之魂：16世纪的一场争论

ALIGHIERI, Dante. *La Commedia, Volume 2: Inferno* (Giorgio Petrocchi ed.). Milan: Mondadori, 1966-67.

ANNAS, Julia. *Hellenistic Philosophy of Mind*. Berkeley: University of California Press, 1992.

AQUINAS, Thomas. *Sancti Thomae Aquinatis in Aristotelis librum de Anima commentarium* (Angelo M. Pirotta ed.). Casale: Marietti, 1979.

ARISTOTLE. *De republica libri VIII* (Juan Ginés de Sepúlveda ed.) (for Philip, Prince of Spain). Paris, 1548.

——. *Art of Rhetoric* (J. H. Freese trans.). Cambridge, MA: Harvard University Press, 1926 (Loeb Classical Library 193).

——. *On the Soul. Parva Naturalia. On Breath* (W. S. Hett trans.). Cambridge, MA: Harvard University Press, 1957 (Loeb Classical Library 288).

——. *Politics* (H. Rackham trans.). Cambridge, MA: Harvard University Press, 1959.

——. *L'anima* (Giancarlo Movia ed.). Naples: Luigi Loffredo, 1979.

BAYLE, Pierre. *Dictionnaire historique et critique*. Basel: Chez Jean Louis Brandmuller, 1741.

BENVENISTE, Émile. *Il vacabolario delle istituzioni indoeuropee, I* (M. Liborio ed. and trans.). Turin: Einaudi, 1976.

CAMASSA, Giorgio. "*Phantasia* da Platone ai Neoplatonici" in Marta Fattori and Massimo Bianchi (eds), *Phantasia-Imaginatio*. Rome: Edizioni dell'Ateneo, 1988, pp. 24–55.

CAVAZZA, Silvano. "Girolamo Rorario e il dialogo 'Julius exclusus' ". *Memorie storiche forogiuliesi* 60 (1980): 129–64.

EMPIRICUS, Sextus. *Outlines of Scepticism* (Julia Annas and Jonathan Barnes eds and trans). Cambridge: Cambridge University Press, 1994.

ERASMUS, Desiderius. *Apophthegmata* in *Opera* (Jean Le Clerc ed.). Lugduni Batavorum Vander, 1706.

——. "Socratis gallus aut callus" in *Adagia* in *Opera* (Jean Le Clerc ed.). Lugduni Batavorum Vander, 1706.

FREDE, Dorothea. "The Cognitive Role of *Phantasia* in Aristotle" in Martha C. Nussbaum and Amelie Oksenberg Rorty (eds), *Essays on Aristotle's De Anima*. Oxford: Clarendon Press, 1992, pp. 279–95.

GARIN, Eugenio. *Storia della filosofia italiana*, VOL. 2. Turin: Einaudi, 1966.

——. *Dal Rinascimento all'Illuminismo*. Pisa: Nistri-Lischi, 1970.

GELLI, Giambattista. *La Circe* in *Dialoghi* (Roberto Tissoni ed.). Bari: Laterza, 1967.

GINZBURG, Carlo. "Montaigne, Cannibals and Grottoes". *History and Anthropology* 6 (2–3) (1993): 125–55.

——. *Wooden Eyes: Nine Reflections on Distance*. New York: Columbia University Press, 2001.

——. "The High and the Low" in *Clues, Myths, and the Historical Method* (John Tedeschi and Anne Tedeschi trans.). Baltimore, MD: Johns Hopkins University Press, 2013, pp. 54–69.

GLIOZZI, Giuliano. *Adamo e il nuovo mondo*. Firenze: La Nuova Italia, 1977.

KRISTELLER, Paul Oskar. "Between the Italian Renaissance and the French Enlightenment: Gabriel Naudé as an Editor". *Renaissance Quarterly* 32(1) (Spring 1979): 41–72.

LABARRIÈRE, Jean-Louise. "Imagination humaine et imagination animale chez Aristotle". *Phronesis* 29 (1) (1984): 17–49.

——. "Raison humaine et intelligence animale dans la philosophie grecque". *Terrain* 34 (March 2000) *(Les animaux pensent-ils?)*: 107–22.

LAERTIUS, Diogenes. *El libro della vita de philosophi et delle loro elegantissime sententie extracto da D. Lahertio et da altri antiquissimi auctori*. Florence: Franciscum de Bonaccursiis et Antonium Venetum, 1488.

——. *Lives of the Eminent Philosophers*, VOL. 2 (Robert D. Hicks trans.). Cambridge, MA: Harvard University Press, 1979.

LLOYD, G. E. R. *Polarity and Analogy: Two Types of Argumentation in Early Greek Thought*. Cambridge: Cambridge University Press, 1971.

MACHIAVELLI, Niccolo. *Opere letterarie* (Luigi Blasucci ed.). Milan: Adelphi, 1964.

MODRAK, Deborah. "Φαντασία Reconsidered", *Archiv für die Geschichte der Philosophie* 68(1) (1986): 47–69.

137

MONTAIGNE, Michel de. *Essais* (Albert Thibaudet ed.). Paris: Gallimard, 1950.

——. *The Complete Essays* (M. A. Screech trans.). London: Penguin Books, 1991.

NARDI, Bruno. "I corsi manoscritti di lezioni e il ritratto di Pietro Pomponazzi" in *Studi su Pietro Pomponazzi*. Firenze: Felice Le Monnier, 1965, pp. 3–53.

NUSSBAUM, Martha C. "The Role of *Phantasia* in Aristotle's Explanations of Action" in *Aristotle's* De Motu Animalium (Martha C. Nussbaum ed.). Princeton, NJ: Princeton University Press, 1978, pp. 221–69.

PASCHINI, Pio. "Un pordenonese nunzio papale nel secolo XVI: Gerolamo Rorario". *Memorie storiche forogiuliesi* 30 (1934): 169–216.

PARENTE, Margherita Isnardi. "Le obiezioni di Stratone al 'Fedone' e l'epistemologia peripatetica nel primo ellenismo". *Rivista di filologia e istruzione classica* 105 (1977): 287–306.

PIGLER, Andor. "The Importance of Iconographical Exactitude". *The Art Bulletin* 21 (1939): 228–37.

——. *Barockthemen: eine Auswahl von Verzeichnissen zur Ikonographie des 17. und 18. Jahrhunderts.* Budapest: Akademiai Kiado, 1974.

PINOTTI, Patrizia. "Gli animali in Platone" in Silvana Castignone and Giuliana Lanata (eds), *Filosofia e animali nel mondo antico*. Pisa: ETS, 1994.

PLUTARCH. *Plutarchi Chironei Dialogus* (Dominicus bonominus trans.). Brescia: Angelum Britannicum, 27 May 1503. (BUB: Aula V. Tab I. F. I. VOL. 423.2, bound with ISOCRATES, *De regno gubernando* (Dominicus Bonominus trans.). Brescia: Angelum Britannicum, 27 May 1503.

——. *Regum et imperatorum Aphtegmata Raphaele Regio interprete; Plutarchi Laconica Apophtegmata Raphaele Regio interprete; Plutarchi Dialogus in quo animalia bruta ratione uti monstrantur, Joanne Regio interprete; Raphaelis Regii apologia, in qua quattuor hae questiones potissimum edisseruntur . . .* Venice: Georgio Rusconi, 11 October 1508. Vatican: Incun. IV. 573 (3).

————. *Dialogo di Plutarco circa l'avertire de gl'animali quali sieno più accorti, o li terrestri, o li marini, di greco in latino et di latino in volgare, nuovamente tradotto, et con ogni diligentia stampato.* Venice: 1545.

————. *Moralia,* VOL. 12 (Harold F. Cherniss and William C. Helmbold trans). Cambridge, MA: Harvard University Press, 1957.

POPHAM, A. E. *Catalogue of the Drawings of Parmigianino,* VOL. 1. New Haven, CT, and London: Yale University Press, 1973.

PROSPERI, Adriano. *Tra evangelismo e controriforma: Gian Matteo Giberti (1495–1543).* Rome: Edizioni di storia e letteratura, 2011.

REPICI, Luciana. *La natura e l'anima: Saggi su Stratone di Lampsaco.* Turin: Tirrenia Stampatori, 1988.

RORARIUS, Hieronymus. *Quod animalia bruta ratione utuntur melius homine,* 2 VOLS (Gabriel Naudé ed.). Paris: Sébastien Cramoisy, 1648.

SCHIANCHI, Lucia Fornari and Sylvia Ferino Pagden (eds). *Parmigianino e il manierismo europeo.* Milan: Silvana, 2004.

SCHOFIELD, Malcolm. "Aristotle on the Imagination" in Martha C. Nussbaum and Amelie Oksenberg Rorty (eds), *Essays on Aristotle's De Anima.* Oxford: Clarendon Press, 1992, pp. 249–77.

SEPÚLVEDA, Juan Ginés de. *Democrates secundus sive de justis belli causis* (Angel Losada ed. and trans.). Madrid: Instituto Francisco de Vitoria, 1951.

SHAKESPEARE, William. *Hamlet* (Ann Thompson and Neil Taylor eds). London: Arden Shakespeare, 2020.

SORABJI, Richard. *Animal Minds and Human Morals: The Origins of the Western Debate.* Ithaca, NY: Cornell University Press, 1993.

STRATO of Lampsacus. *Die Schule des Aristoteles, Texte und Kommentar* [series], *Volume 5: Straton von Lampsakos* (Fritz Wehrli ed.). Basel: Schwabe, 1950.

VASARI, Giorgio. *Le opere di Giorgio Vasari,* VOL. 5 (Gaetano Milanesi ed.). Firenze:

Sansoni, 1976[1906].

WATSON, Gerald. "Φαντασία in Aristotle, De Anima 3.3". *The Classical Quarterly* 32(1) (1982): 100–13.

WIND, Edgar. "Homo Platonis". *Journal of the Warburg* 1(3) (1937–38): 261.

卡尔维诺、曼佐尼和灰色地带

BELPOLITI, Marco. *Primo Levi*. Milan: Mondadori, 1998.

BUCCIANTINI, Massimo. *Esperimento Auschwitz: Auschwitz Experiment*. Turin: Einaudi, 2011.

CALVINO, Italo. Review. *La Repubblica*, 11 July 1981.

———. "Piccola Guida alla Piccola Cosmogonia" [Afterword] in Raymond Queneau, *Piccola cosmogonia portatile* (Sergio Solmi trans.). Turin: Einaudi, 1982.

———. *I libri degli altri* (Giovanni Tesio ed.). Turin: Einaudi, 1991.

———. *Romanzi e racconti*, Vol. 1 (Mario Barenghi and Bruno Falcetto eds). Milan: Arnoldo Mondadori Editore, 1991.

———. Afterword to Primo Levi, *The Search for Roots: A Personal Anthology*. Chicago: Ivan R Dee, 2001.

———. *Italo Calvino: Letters, 1941–1985* (Martin Mclaughlin trans.). Princeton, NJ: Princeton University Press, 2013.

CASES, Cesare. "L'ordine delle cose e l'ordine delle parole" in Ernesto Ferrero (ed.), *Primo Levi: un'antologia della critica*. Turin: Einaudi, 1997.

FERRERO, Ernesto. *Rhêmes o della felicità*. Turin: Liaison, 2008.

LANGBEIN, Hermann. *People in Auschwitz* (Harry Zohn trans.). Chapel Hill: University of North Carolina Press, 2004.

LEVI, Primo. *Opere, 2 VOLS* (Marco Belpoliti ed.). Turin: Einaudi, 1977, 1997.

——. *L'altrui mestiere*. Turin: Einaudi, 1985.

——. 'Capire non è perdonare'. *La Stampa*, 26 July 1986.

——. *The Drowned and the Saved* (Raymond Rosenthal trans.). New York: Vintage, 1989.

——. *Other People's Trades* (Raymond Rosenthal trans.). London: Abacus, 1991.

——. "Ex-Chemist" in *Other People's Trades* (Raymond Rosenthal trans.). London: Abacus, 1991.

——. "Ritual and laughter" in *Other People's Trades* (Raymond Rosenthal trans.). London: Abacus, 1991, pp. 196–200.

——. "Calvino, Queneau e le scienze" in *Opere,* VOL. 2 (Marco Belpoliti ed.). Turin: Einaudi, 1997, pp. 1344–6.

——. *Conversazioni e interviste: 1963–1987* (Marco Belpoliti ed.). Turin: Einaudi, 1997.

——. *The Periodic Table* (Raymond Rosenthal trans.). New York: Penguin Books, 2000.

——. *The Voice of Memory: Interviews, 1961–1987* (Marco Belpoliti and David Gordon eds). New York: Polity, 2000.

——. "A Conversation with Primo Levi (1979)", interview by Giuseppe Grassano, in *The Voice of Memory: Interviews, 1961–1987* (Marco Belpoliti and David Gordon eds). New York: Polity, 2000, pp. 121–35.

——. "*The Drowned and the Saved* (1986)", interview by Giorgio Calcagno, in *The Voice of Memory: Interviews, 1961–1987* (Marco Belpoliti and David Gordon eds). New York: Polity, 2000, pp. 109–13.

——. *The Search for Roots: A Personal Anthology*. Chicago: Ivan R. Dee, 2001.

——. "*If This Is a Man and The Truce*" (Stuart Woolf trans.). London: Abacus, 2002.

——. *The Black Hole of Auschwitz* (Sharon Wood trans.). Malden, MA: Polity,

2005.

———. "Arbeit Macht Frei (1959)" in *The Black Hole of Auschwitz* (Sharon Wood trans.). Malden, MA: Polity, 2005.

———. "Preface to Presser's *The Night of the Girondins*" in *The Black Hole of Auschwitz* (Sharon Wood trans.). Malden, MA: Polity, 2005.

———. "Preface to H. Langbein's *People in Auschwitz*" in *The Black Hole of Auschwitz* (Sharon Wood trans.). Malden, MA: Polity, 2005.

———. *La zone grise: entretien avec Anna Bravo et Federico Cereja*. Paris: Payot and Rivages, 2014.

MANZONI, Alessandro. *A Vindication of Catholic Morality*. London: Keating and Brown, 1836.

MENGALDO, Pier Vicenzo. "Lingua e scrittura in Levi" in *Per Primo Levi*. Turin: Einaudi, 2019, pp. 233–42.

MESNARD, Philippe. *Primo Levi: Le passage d'un témoin*. Paris: Fayard, 2011.

POLI, Gabriella and Giorgio Calcagno. *Echi di una voce perduta*. Milan: Mursia, 1992.

QUENEAU, Raymond. *Petite cosmogonie portative*. Paris: Gallimard, 1950.

———. *Piccola cosmogonia portatile* (Sergio Solmi trans.). Turin: Einaudi, 1982.

RUFFINI, Francesco. *La vita religiosa di Alessandro Manzoni*, 2 VOLS. Bari: G. Laterza, 1931.

SISMONDI, Jean Charles Léonard de. *Histoire des républiques italiennes du Moyen Age*, VOL. 16. Paris: Treuttel et Wurtz, 1818.

SODI, Risa. "An Interview with Primo levi". *Partisan Review* 54(3) (1987).

图式与偏见：历史学家对"双盲实验"的反思

ANGELINI, Roberto. "Fenomenologia della copia". *Studi medievali* 3(51) (2010): 329–47.

BANN, Stephen. *Parallel Lines: Printmakers, Painters and Photographers in Nineteenth-Century France.* New Haven, NC, and London: Yale University Press, 2001.

BENEDETTI, Fabrizio, Helen S. Mayberg, Tor D. Wager, Christian S. Stohler and Jon-Kar Zubieta. "Neurobiological Mechanisms of the Placebo Effect". *The Journal of Neuroscience* (9 November 2005): 10390–402.

BLOCH, Marc. *Apologia della storia o mestiere di storico.* Turin: Einaudi, 1950.

――. "Pour une histoire comparée des sociétés européennes" in *Mélanges historiques* (Charles-Edmond Perrin ed.). Paris: Service d' Edition et de Vente des Publications de l'Education, 1963, pp. 16–40.

――. *Apologie pour l'histoire ou Métier d'historien* in *L'Histoire, la Guerre, la Résistance.* Paris: Gallimard, 1986.

BURKE, Peter. "Histoire sociale des rêves". *Annales ESC* 28 (1973): 329–42.

CANFORA, Luciano. *Togliatti e i dilemmi della politica.* Bari: Laterza, 1989.

CATONI, M. L. *La comunicazione non verbale nella Grecia antica.* Turin: Bollati Boringhieri, 2008[2005].

CHAKRABARTY, Dipesh. *Provincializing Europe: Postcolonial Thought and Historical Difference.* Princeton, NJ: Princeton University Press, 2000.

――. "The Politics and Possibility of Historical Knowledge: Continuing the Conversation". *Postcolonial Studies* 14 (2011): 243–50.

DAVIS, Natalie Zemon. *La passione della storia: Un dialogo con Denis Crouzet* (Angiolina Arru and Sofia Boesch Gajano eds). Rome: Viella, 2007.

DIAMOND, Jared, and James A. Robinson (eds). *Natural Experiments of History.* Cambridge, MA: Belknap Press of Harvard University Press, 2010.

FERRAJOLI, Luigi. *Diritto e ragione: Teoria del garantismo penale.* Bari: Laterza, 1989.

GINZBURG, Carlo. *I benandanti: Ricerche sulla stregoneria e sui culti agrari tra Cinquecento e Seicento.* Turin: Einaudi, 1966.

——. *The Night Battles: Witchcraft and Agrarian Cults in the Sixteenth and Seventeenth Centuries* (John and Ann Tedeschi trans.). London: Routledge and Kegan Paul, 1983.

——. "Spie: Radici di un paradigma indiziario" [1979] in *Miti, emblemi, spie: morfologia e storia*. Turin: Einaudi, 1984, pp. 158–209.

——. *Il giudice e lo storico*. Turin: Einaudi, 1991.

——. *Occhiacci di legno: Nove riflessioni sulla distanza*. Milan: Feltrinelli, 1998.

——. "Distanza e prospettiva: due metafore" in *Occhiacci di legno: Nove riflessioni sulla distanza*. Milan: Feltrinelli, 1998, pp. 171–93.

——. "Family Resemblances and Family Trees: Two Cognitive Metaphors". *Critical Inquiry* 30 (Spring 2004): 537–56.

——. *Il filo e le tracce: Vero falso finto*. Milan: Feltrinelli, 2006.

——. *Paura reverenza terrore. Rileggere Hobbes oggi*. Parma: Monte Universita Parma, 2008.

——. "Dante's Blind Spot (*Inferno XVI–XVII*)" in Sara Fortuna, Manuele Gragnolati and Jurgen Trabant (eds), *Dante's Pluringualism: Authority, Knowledge, Subjectivity*. London: Routledge, 2010, pp. 149–63.

——. "Our Words, and Theirs: Reflections on the Historian's Craft, Today". *Cromohs-Cyber Review of Modern Historiography* 18 (March 2014): 97–114.

——, and Vittorio Foa. *Un dialogo*. Milan: Feltrinelli, 2003.

GOMBRICH, E. H. *Art and Illusion: A Study in the Psychology of Pictorial Representation*. London: Phaidon Press, 1962[1960].

——. "Standards of Truth: The Arrested Image and the Moving Eye" in W. J. T. Mitchell (ed.), *The Language of Images*. Chicago: University of Chicago Press, 1980, pp. 181–217.

——. "Image and Code: Limits of Conventionalism in Pictorial Representation" in *The Image and the Eye: Further Studies in the Psychology of Pictorial*

Representation. Oxford: Phaidon Press, 1982, pp. 278–97.

———. "Experiment and experience in the Arts" in *The Image and the Eye: Further Studies in the Psychology of Pictorial Representation*. Oxford: Phaidon Press, 1982, pp. 215–43.

———. *L'immagine e l'occhio*. Turin: Einaudi, 1985.

HAHN, R. A. "The Nocebo Phenomenon: scope and Foundations" in Anne Harrington (ed.), *The Placebo Effect: An Interdisciplinary Exploration*. Cambridge, MA: Harvard University Press, 2000[1997], pp. 56–76.

HARRINGTON, Anne (ed.). *The Placebo Effect: An Interdisciplinary Exploration*. Cambridge, MA: Harvard University Press, 2000[1997].

HOBSBAWM, Eric J. "Identity History is not Enough" in *On History*. New York: New Press, 1997.

———. *De Historia*. Milan: Rizzoli, 1997.

KAPTCHUK, T. J. "Intentional Ignorance: A History of Blind Assessment and Placebo Controls in Medicine". *Bulletin of the History of Medicine* 72 (1988): 389–433.

KLINGENER, Francis D. *Goya in the Democratic Tradition*. New York: Sidgwick & Jackson, 1968[1948].

MAAS, Paul. *Critica del testo* (nello Martinelli trans., Giorgio Pasquali pref.). Firenze: la Monnier, 1990.

MITCHELL, W. J. T. *Iconology: Image, Text, Ideology*. Chicago: University of Chicago Press, 1986.

MOMIGLIANO, Arnaldo. "History between Medicine and Rhetoric" [1985] in *Ottavo contributo alla storia degli studi clasiici e del mondo antico*. Rome: Edizioni di storia e letteratura, 1987, pp. 13–25.

MOST, Glenn W. Introduction to Sebastiano Timpanaro, *The Genesis of Lachmann's Method* (Glenn W. Most ed., trans. and introd.). Chicago: University of Chicago Press, 2005, pp. 1–33.

145

ROBINSON, James A., Daron Acemoglu, Simon Johnson and Davide Cantoni. 'From Ancien Régime to Capitalism: The French Revolution as a Natural Experiment' in Jared Diamond and James A. Robinson (eds), *Natural Experiments of History*. Cambridge, MA: The Belknap Press of Harvard University Press, 2010, pp. 221-56.

SHAPIRO, Arthur K. "A Contribution to a History of the Placebo Effect". *Behavioral Science* 5 (1960): 109-35.

———, and Elaine Shapiro. *The Powerful Placebo: From Ancient Priest to Modern Physician*. Baltimore, MD: Johns Hopkins University Press, 1997.

———, and Elaine Shapiro. "The Placebo: Is It Much Ado About Nothing?" in Anne Harrington (ed.), *The Placebo Effect: An Interdisciplinary Exploration*. Cambridge, MA: Harvard University Press, 2000[1997], pp. 12-36.

SOLLMANN, Torald. "The Crucial Test of Therapeutic Evidence". *Journal of American Medical Association* 69 (1917): 198-9.

THOMPSON, E. P. *The Making of the English Working Class*. Harmondsworth: Penguin Books, 1968.

TIMPANARO, Sebastiano. *Die Entstehung der Lachmannschen Methode* (Dieter Irmer trans.). Hamburg: Buske Verlag, 1971.

———. *Il lapsus freudiano: Psicoanalisi e filologia testuale*. Firenze: La Nuova Italia, 1975.

———. *La genesi del metodo del Lachmann* (Elio Montanari introd.). Firenze: Le Monnier 2003[1963].

TRAPP, J. B. (ed.). *E. H. Gombrich: A Bibliography*. London: Phaidon Press, 2000.

TREXLER, Richard C. "Dressing and Undressing Images: An Analytic Sketch" in *Religion in Social Context in Europe and America, 1200-1700*. Tempe: Arizona Center for Medieval and Renaissance Studies, 2002, pp. 374-408.

VISINTIN, Dario. *Michele Soppe benandante*. Santa Maria la Longa (Udine) and

Montereale Valcellina (Pordenone): Circolo Culturale Menocchio, 2009.

VOLNEY, Constantin-Francois de Chasseboeuf. *Leçons d'histoire prononcées à l' École normale, en l'an III de la République française*. Paris: J. A. Brosson, third ed. 1826[1799].

WIKIPEDIA. "Placebo". *Wikipedia, The Free Encyclopedia*. Available at https://en.wikipedia.org/w/index.php?title=Placebo&oldid=1072376839 (last accessed on 11 March 2022).

来　源

"Civilization and Barbarism" was first published in *Signs Systems Studies* 45(3-4) (2017): 249-62.

"The Soul of Brutes" was first published as "L'anima dei bruti. Una discussione cinquecentesca" in *Conversazioni per Alberto Gajano* (Carlo Ginzburg and Emanuela Scribano eds) (Pisa: Edizioni ETS, 2005), pp. 163-75.

"Calvino, Manzoni and the Gray Zone" was first published as "Calvino, Levi et la zone grise", Introduction to Primo Levi, *La zone grise. Entretien avec Anna Bravo et Federico Cereja* (Martin Rueff trans.) (Paris: Payot and Rivages, 2014), pp. 9-26.

"Schema and Bias: A Historian's Reflection on Double-Blind Experiments" was first published as "Schemi, preconcetti, esperimenti a doppio cieco. Riflessioni di uno storico", *Mefisto* 1(1) (2017): 57-78. Republished in *Occhiacci di legno: Dieci riflessioni sulla distanza* (Macerata: Quodlibet, 2019).

插　图

野兽之魂

图 1: Parmigianino, *Self-Portrait with a Bitch*. Public-domain image, from Wikimedia Commons.

图 2: School of Giulio Bonasone, *Portrait of Parmigianino*.

图 3: Ugo da Carpi, *Diogenes*. Public-domain image, from Wikimedia Commons.

图 4: Achille Bocchi, *Symbolicarum Quaestionum*. Public-domain image from archive.org.

图 5: Parmigianino's contract 1531 (Santa Maria della Steccata, Parma).

图式与偏见

图 1A: Robert Garland, *Chartres Cathedral* (1836). Engraving after a lithograph from B. Winkles, *French Cathedrals* (London, 1837). High-resolution image courtesy Britton-Images.

图 1B: Present-day photograph of Chartres Cathedral. Public-domain image from Wikimedia Commons.

图 2: William Hogarth, *Some Principal Inhabitants of the Moon: Royalty, Episcopacy and Law* (1724). Public-domain image, from Wikimedia Commons.

图 3: Francisco de Goya, *Caprichos No. 52*: *"Lo que puede un Sastre!"* Public-domain image, from Wikimedia Commons.

图 4: Francisco de Goya, Preparatory drawing for *Caprichos No. 52*. Public-domain image, from Wikimedia Commons.

译后记

　　"微观史学"是卡洛·金兹伯格最显著的标签。对他有所耳闻的读者一旦看到出自这位意大利历史学家之手的文字，多半首先会在心理上准备好阅读一段来自过去社会底层的不为人知的小人物故事，并期待在作者的引导下跳出宏大叙事，形成新的历史认知。

　　"野兽之魂"，这个明显带有人类学"他者"意识的标题，会更强化读者对这部书的微观史趋向的期待。这本书的确有微观史学的特征。它涉及不同时代处于历史叙事边缘或阴影中的群体：异邦人、奴隶、野兽、美洲土著、纳粹德国时期的犹太人。书中也偶尔出现一些生动的场景还原或细节推敲，尤其是作者由这些微小细节发起的思考，对既有的一些历史认识再次形成冲击。

　　不过此书的四篇文章没有如学界津津乐道的经典微观史那样，书写小人物的传奇，也没有以小人物的"他者"视角"自下而上"地审视人类历史。如果按照经验归类，这些文章应该属于思想史作品。读者在其中看到的是古典先贤：希罗多德、柏拉图、亚里士多德、普鲁塔克，中世纪圣徒：尊者比德、圣托马斯·阿奎那；16世纪文人：塞普尔韦达、拉斯卡萨斯、马基雅维利、帕米贾尼诺、蒙田；17世纪思想巨匠：笛卡尔、皮埃尔·拜尔、巴西莱·帕斯卡，19世纪和20世纪的学术先锋：曼佐尼、普利莫·莱维、卡尔维诺、马克·布洛赫、保罗·马斯、乔治·帕斯夸利。换言之，此书不是以"野兽"之"瞳"去看历史，而是呈现这些引导并因此代表了诸时代社会精神的精英，以何种逻辑定位本位文化与他者文化的关系，以何种态度看待"野兽"之"魂"。

实际上，"文明的傲慢"和"野蛮的高尚"之类的话题及其发人深省的意义，已经不新鲜。将上述那些精英拉出来，历数他们哪个具有狭隘的民族中心主义，哪个以平等主义接纳异族，其实并不高明。金兹伯格在此书中的这几篇文章没有落入这样的俗套。他关注的是这些思想如何在后世被挪用的状态。书中表现了在思想史考察中难以被察觉的关联，例如，柏拉图和亚里士多德的古典文化观念，其实并不被同为古典文化代表的第欧根尼和普鲁塔克认同，但却在基督教文化中发挥着堪比圣保罗留下的经典的启示作用。同样，自古典时代以来就一直给人印象不佳的诡辩论，在基督教文化中演化为"决疑法",成为神学辩论的工具。决疑法随着基督教文化的延续,影响到19世纪的曼佐尼在小说创作中表现人性的复杂,并进而使20世纪的普里莫·莱维在思考如何真实呈现纳粹大屠杀这场苦难时找到了更客观、合理的视角和立场。

十多年里,我持续地关注金兹伯格的作品及其史学观念。除了一次短暂的见面,更多的是与他书信往来。他的思想很难概括和归类,他也很反感讨论他的人这样做。他的父亲是文学理论教授,母亲是20世纪最具影响力的意大利小说家。金兹伯格家庭的犹太人身份使之在墨索里尼政府时期遭到迫害。他的父亲成为意大利反法西斯运动的领袖,后来被捕并牺牲。金兹伯格5岁之前的童年是在流放并被管控的状态下度过的。他在二战后的成长有很多令人艳羡的良性引导。意大利的知识分子精英与他家族的亲友圈重合度很高。历史学并不是自小见多识广的金兹伯格人生规划的首选。少年时期,文学、美术先后是他的理想,大学时他最初的专业是哲学。这些"花样"和"弯路"实际上都成为金兹伯格日后历史学研究的智识储备,并使他的史学研究生涯优秀且极富个性。仅仅顺应父母的教诲,他就既熟悉理论思辨,也天然地亲近叙事和表达;幼儿时期的种族迫害经历必定激发他关于种族和权力的

"他者"意识的觉醒；在佛罗伦萨和比萨这些艺术圣地的成长经历也必然持续地刺激着他的视觉神经；一旦他对历史学产生热情，沉睡在意大利各地宗教档案馆中的文献在这个年轻人的扫视下，迟早会别开生面、隆隆作响。金兹伯格早年间对小人物的文化史、图像证史、文化形态比较研究和历史叙事相对性问题的研究，无疑都是这些个人经历在史学思考中投射的产物。

金兹伯格的史学洞见总是极富新意，一个重要原因是他研究历史的理论工具实在太多了。借用他在此书中第三篇文章中提到的一个比喻，"滤镜"的选择越多，透析出的景象就越多新意，认知的体验就越丰富。他的理论工具并非自己凭空建构，而是通过对其他学科的理论成果借鉴和改良而来。为他理论创新提供灵感的不仅有近些年新史学中常见的文学、美术和人类学，还有一系列看起来与历史学关系不大的甚至在日常生活中很少听说的学科知识：如医学及其分支的心理学、症状学，生物学及其分支形态学，还有语文学、古物学、戏剧理论、神学理论。熟悉金兹伯格的读者会注意到，他对上述理论工具的运用在此书中已经炉火纯青。更吸引人的是，他在思想史和史学方法论的研究中又采用了新的跨学科工具——古典的诡辩论、中世纪的决疑法，以及现代医药科学的双盲实验。近些年来，网络世界有一个有趣的描述。当某个极富新意的改编或原创作品的水准已经超过其所参照的经典时，网友会语带调侃，实则欣赏地说："某某经典'被玩坏了'。"如果将这句俏皮话套用到金兹伯格的一系列创新性思考中，"被玩坏的"又是什么？肯定不是历史学家客观求真的崇高追求。无论学者们在新史学的航路上如何翻江倒海，这都是定海神针。仅就此书的内容讲，"被玩坏的"显然是西方历史上那些看似高谈阔论、鞭辟入里，实则刻板虚伪自我中心的思维范式与伦理偏见。金兹伯格拨开那些看似高深的布幔，读者得以更直接地窥见历史的复杂。为他们的反思提供镜鉴的，当然是"野兽之魂"。

如果用一个短语概括金兹伯格史学研究的主旨，那就是"揭示事实的复杂性"。在他看来，人和客观世界都极其复杂，任何系统性的认知模式都难以对之尽然地解析或表现。因此，他总在尝试各种解释工具，换着法地去揭示历史的复杂性，并在理论上不断思考何种解释策略能够更清晰准确地表现这些复杂性。

依此介绍，读者可能会问：金兹伯格是一个相对主义者吗？我采用金兹伯格喜欢的表达方式回答这个问题：是，也不是（此书的第四篇文章中就有一处类似的表达。这使他看起来更像一个相对主义者了。不过，换个角度看，他正是在用在此书中重点推介的决疑法——极力理解，但不急于归类。我在这个括号里插入了篇幅过多的题外话。索性补充一下，行文中加入大段的题外话，也是金兹伯格学术的独特之处。此书第一篇文章开篇，他似乎在暗示"题外话式"行文在希罗多德那里就被使用了。在金兹伯格看来，单线的陈述总是不能全息呈现事实及其内在的复杂关系，同时反而使读者的思维仅局限在作者设定的叙事惯性中，使之阅读始终处于被动盲从的状态。因此，他总是采用频繁插入题外话的方式，不仅丰富问题解析的视角，补充难以归类的信息，更主动打破自己陈述的连贯性，制造出叙事的多维效果。读者的意识跳进跳出，既理解作者所言，又保持只是理性地观望作者的观点——这是此书第一篇文章作者描述希罗多德看待异邦风俗的视角，换句话说，这还是决疑法！我在此处效仿了金兹伯格的"题外话式"行文，像是在进行一种实验——"实验"是他学术思想中又一特色向度。这可能来自现代主义文学叙事理论对金兹伯格的启示。他在为《马丁·盖尔归来》意大利文版作的"后记"中最早提到这种意识；此书的第一篇文章将希罗多德的叙事解释成实验；第四篇文章将他对这个向度的思考深化到另一个层次。回归正题）。一方面，金兹伯格的确多次明确地表示，历史学家难以尽然地还原事实，且总是失之主观或片面。另一方面，他又是海登·怀特最严厉的批评者之一。后者被当代史学界视为最具代表性的相对主义者和怀疑论者。在我看来，金兹伯格对历史学内在的相对性程度的判断，与怀特所见几乎没有区别。二者都认为其认知极为有限且问题重重。他们的差异在于面对这一目前难以解决的现实的态度。前者始终强调，历史学家要不遗余力地采用尽可能多的方式去接近历史的真相。他反对后者一味的消极态度。的确，怀特的文字总是因为认识到现实与理想差距甚远，就将历史学的工作重心放在反复揭露历史知识有限性的认识论反思上。金兹伯格是个相对主义者，但不是怀疑论者。他不因相对主义而感到悲观，反而乐观地以在相对主义的迷局中找到一些确定性为目标。这也正是他在此书中通过普里莫·莱维的"在含糊其辞时表明立场"，以及历史学进行双盲实验的可能性等话题的探讨中所要阐明的历史方法论。

话说回来，揭示历史的复杂性与历史学研究的宗旨并不冲突。历史学初始设定的目标就是要如实地还原事实的真相。而事实本身总是复杂多样的，这本来就是事实的组成部分（这也是金兹伯格在此书第三篇文章尾声大为赞赏的约瑟夫·卡罗的观点）。那么，金兹伯格这种致力于揭示历史事实之复杂性的研究，就是对历史学研究宗旨的忠实践行。

在金兹伯格几十年的揭示历史复杂性的研究中，最易理解的就是他的微观史学。不过在此之后，他的历史复杂性研究的理论参照、逻辑思路和最终结论变得越来越多样和丰富。对于很少有像他阅读那么广泛、思考那么活跃的读者来说，他的文章也越来越难于理解，越来越难以进行归纳和系统性的介绍。这位注重让读者看到历史事实之复杂性的学者，也将自己精神世界的复杂性展示给世人。

复杂的知识来源和天马行空的思想注定使其著作的翻译工作有一定难度。狭窄的见识和单薄的语言功底使得我在转达金兹伯格的文字时总是如履薄冰。尽管已经对此书所涉及的知识尽可能做了调查和核实，但仍难保周全。此书的行文有大量繁复的长句和短促的省略句。为了保证阅读的流畅或是表意的明晰，我偶尔会跳出原文的限制，自作主张地断句或补充。在译稿修改阶段，东北师范大学历史文化学院的硕士生李星池同学参与了文字校对工作。译稿的最终完成有他的功劳。在此特向他表示感谢。

"决疑法"（casuistry）是金兹伯格近些年才开始讨论的一个概念，也是这部小文集中最具新意的视角之一。在词典中，casuistry对应的中文意思是"决疑法"。可是在金兹伯格的语境中，这个词似乎在与"诡辩论"（sophistry）替换性地使用着。如果遵循金兹伯格的使用方式译成中文，读者可能意识不到此间的关联性，将之误解成两个话题。经考虑，我决定还是在中文表达中将casuistry译成"决疑法"。并且，为了提醒读者意识到金兹伯格在使用这个词时是在关联诡辩论的相关及含义，我在这个词第一次出现（书中第一篇文章的末尾）时，将之译成"诡辩论式的决定法"。这么做可能不妥，但的确也是在几个方案之间取舍的结果。试想，如果将之直接译成"诡辩论"，那将使读者的理解与金兹伯格试图以此词揭示"于模糊中坚持理性分析"的积极立场相反。

金兹伯格在中国学界有一定影响力。在理论探讨时，他的研究也常被学者们参照。不过，除了微观史学，就他更多关于历史复杂性的理论思考和实践研究的专门讨论其实并不多。近年来，金兹伯格的作品陆续被译成中文，这可能会推动更多读者更高效地阅读金兹伯格。在未来，与其相关的各种史学话题可能会有更多人讨论。他的史学理论和历史书写肯定解决不了当下史学研究的所有问题。不过，他那敏锐的洞察力和那些不拘一格的认知方式一定会给读者提供灵感或启示，哪怕只是一刹那或关乎一个小问题。